Das neue Mietrecht

Hans-Dieter Marx,
Johann-Christian Weber

Die Deutsche Bibliothek – CIP-Einheitsaufnahme

Weber, Johann-Christian:
Das neue Mietrecht / Johann-Christian Weber ; Hans-Dieter Marx. –
Planegg : STS-Verl., 2001
   (STS-Taschen-Guide ; Bd. 54)
   ISBN 3-86027-395-7

ISBN 3-86027-395-7
Bestell-Nr. 00657-0001

© 2001, STS Standard Tabellen & Software Verlag,
ein Unternehmen der Haufe Mediengruppe
Postanschrift: Postfach 13 63, 82142 Planegg
Hausanschrift: Fraunhoferstraße 5, 82152 Planegg
Fon (0 89) 8 95 17-0, Fax (0 89) 8 95 17-2 50
E-Mail: online@haufe.de
Internet: http://www.haufe.de, http://www.taschenguide.de
Lektorat: Dr. Ilonka Kunow, Jutta Cram

Alle Rechte, auch die des auszugsweisen Nachdrucks, der fotomechanischen
Wiedergabe (einschließlich Mikrokopie) sowie der Auswertung durch Datenbanken oder ähnliche Einrichtungen vorbehalten.

Satz + Layout: Satzstudio »Süd-West« GmbH, 82166 Gräfelfing
Umschlaggestaltung: Agentur Buttgereit & Heidenreich, 45721 Haltern am See
Druck: J. P. Himmer GmbH & Co. KG, 86167 Augsburg

Da Hinweise und Fakten dieses TaschenGuides dem Wandel der Rechtsprechung und Gesetzgebung unterliegen, kann für die gemachten Angaben keine Haftung übernommen werden (Redaktionsschluss: 31.05.2001).

Zur Herstellung der Bücher wird nur alterungsbeständiges Papier verwendet.

TaschenGuides – alles, was Sie wissen müssen

Für alle, die wenig Zeit haben und erfahren wollen, worauf es ankommt. Für Einsteiger und für Profis, die ihre Kenntnisse rasch auffrischen wollen.

Sie sparen Zeit und können das Wissen effizient umsetzen:

Kompetente Autoren erklären jedes Thema aktuell, leicht verständlich und praxisnah.

In der Gliederung finden Sie die wichtigsten Fragen und Probleme aus der Praxis.

Das übersichtliche Layout ermöglicht es Ihnen sich rasch zu orientieren.

Anleitungen „Schritt für Schritt", Checklisten und hilfreiche Tipps bieten Ihnen das nötige Werkzeug für Ihre Arbeit.

Als Schnelleinstieg die geeignete Arbeitsbasis für Gruppen in Organisationen und Betrieben.

Besuchen Sie uns im Internet: http://www.taschenguide.de

Hier finden Sie Arbeitsmittel zum Downloaden und können Ihre Meinung direkt an die TaschenGuide-Redaktion mailen. Wir freuen uns auf Ihre Anregungen.

Inhalt

- **6** Vorwort
- **7** **Worauf achten beim Mietvertrag?**
- **8** Wohnung bzw. Mieter gefunden
- **14** Form und Inhalt des Mietvertrags
- **16** Mietverträge in einer Eigentumswohnanlage
- **17** Der Zeitmietvertrag
- **21** **Wie hoch darf die Miete sein?**
- **22** Grundlage der Miethöhe: die ortsübliche Vergleichsmiete
- **24** Wie ist das mit den Mieterhöhungen?
- **33** Wann ist die Miete fällig?
- **35** Wie werden die Betriebskosten abgerechnet?
- **42** Wann hat der Mieter Anspruch auf Mietminderung?
- **45** Besonderheiten bei Geschäftsraummietverhältnissen
- **47** **Fragen rund um Modernisierung und Instandhaltung**
- **48** Was Sie bei der Übergabe der Mietsache beachten müssen
- **49** Wer ist für Kleinreparaturen verantwortlich?
- **50** Ein häufiger Streitpunkt: Schönheitsreparaturen

Müssen Sie Modernisierungsmaßnahmen
dulden? ■ _____ 55
Wenn der Mieter die Miete mindern will ■ _____ 57
Neue Rechte für Behinderte:
die Barrierefreiheit ■ _____ 58

Was Sie bei einer Kündigung wissen sollten ■ _____ 61

In welcher Form muss die Kündigung
erfolgen? ■ _____ 62
Welche Fristen müssen Sie einhalten? ■ _____ 62
Muss die Kündigung begründet werden? ■ _____ 64
Wann ist eine fristlose Kündigung möglich? ■ _____ 71
Wann gilt die „Sozialklausel"? ■ _____ 74
Was sind Sonderkündigungsrechte? ■ _____ 78
Besonderheiten bei Geschäftsraum-
mietverhältnissen ■ _____ 83

Was Sie sonst noch wissen sollten ■ _____ 85

Was geschieht mit der Kaution? ■ _____ 86
Die Hausordnung: Wie verbindlich ist sie? ■ _____ 89
Wie ist das mit den Haustieren? ■ _____ 91
Untervermietung: Wann ist sie erlaubt? ■ _____ 93
Was ist, wenn ein Vertragspartner stirbt? ■ _____ 96
Wenn Sie einen Makler einschalten ■ _____ 99

Anhang ■ _____ 101
Stichwortverzeichnis ■ _____ 125

Vorwort

Mit dem 1. September 2001 tritt das neue Mietrecht in Kraft. Insgesamt übersichtlicher und verständlicher sollte es werden, klarer und transparenter. Dies ist nicht unbedingt gelungen. Und so ist das – zugegebenermaßen hochkomplexe – Mietrecht nach wie vor für den Laien eine „harte Nuss".

Daher haben wir diesen TaschenGuide für Sie verfasst. Er soll Ihnen die wichtigsten Regelungen in einer verständlichen Sprache und durch viele Beispiele nahe bringen. Anhand des Inhaltsverzeichnisses und des ausführlichen Stichwortverzeichnisses am Schluss finden Sie sofort, was Sie suchen.

Überall, wo sich aufgrund der Mietrechtsreform etwas Wesentliches geändert hat, haben wir dies erwähnt. Die meisten alten Regelungen sind aber auch im neuen Mietrecht beibehalten und höchstens stilistisch verändert worden.

Wir haben uns in diesem TaschenGuide auf Mietverhältnisse, die Räume – also Wohn- oder Geschäftsräume – betreffen, konzentriert. Häufig gelten für Geschäftsräume andere Regelungen als für Wohnraummietverhältnisse. Überall wo dies der Fall ist, wird eigens darauf hingewiesen.

Zahlreiche Musterschreiben, die Sie direkt für Ihre Zwecke übernehmen können, runden diesen TaschenGuide ab.

Johann-Christian Weber, Hans-Dieter Marx

Worauf achten beim Mietvertrag?

Grundlage eines jeden Mietverhältnisses ist der Mietvertrag. Dieses Kapitel sagt Ihnen, worauf Sie achten müssen, damit es nicht zu unangenehmen Überraschungen kommt.

www.taschenguide.de

Wohnung bzw. Mieter gefunden

Wer kennt diese Situation nicht: Nach wochenlanger Suche im Anzeigenteil der Tageszeitung ist endlich das geeignete Mietobjekt gefunden. Der Besichtigungstermin verlief zufriedenstellend, Sie möchten die Wohnung gerne mieten. Allerdings sind außer Ihnen noch vier weitere Interessenten da. Wie wird sich der Vermieter entscheiden?

Oder aus der Sicht des Vermieters: Auf Ihre Anzeige hin haben nicht nur viele Interessenten angerufen; nach dem Besichtigungstermin haben fünf Personen die ernste Absicht, einen Mietvertrag mit Ihnen für diese Wohnung abzuschließen. Doch wer soll sie bekommen?

Sind potenzielle Mieter zu einer Selbstauskunft verpflichtet?

In einer solchen Situation greifen viele Vermieter darauf zurück, von potenziellen Mietern eine so genannte Selbstauskunft als Entscheidungshilfe zu verlangen. Dies ist nicht wenigen Mietinteressenten ein Dorn im Auge.

Auch das neue Mietrecht hat – wie das alte – diesbezüglich keine gesetzlichen Regelungen aufgenommen. Und die Rechtsprechung ist äußerst kontrovers. Grundsätzlich ist das Verlangen nach einer Selbstauskunft nicht zu beanstanden. Zwar kann kein Interessent dazu wirklich verpflichtet werden, doch weigert er sich, wird sich der Vermieter sicher nicht für ihn als Vertragspartner entscheiden und das Objekt anderweitig vergeben.

Mieter müssen allerdings nicht jede Frage wahrheitsgemäß beantworten. Ob eine falsche Antwort Konsequenzen für den Mietvertrag hat, hängt davon ab, ob die gestellte Frage zulässig war oder nicht.

Welche Fragen sind unzulässig?

Als unzulässig werden im Wohnraummietrecht folgende Fragen angesehen:

- Frage nach einer Schwangerschaft,
- Frage nach der Zugehörigkeit zu einem Mieterverein,
- Frage nach der Religionszugehörigkeit usw.

> ■ *Die Entscheidung des Bundesverfassungsgerichts – das zugunsten der Mieter bei der Beurteilung der Zulässigkeit bestimmter Fragen enge Grenzen zieht – ist zum Wohnraum- und nicht zum Geschäftsraummietrecht ergangen. Doch ist auch hier analog zur „Privatsphäre" im Wohnraummietrecht die „Geschäftssphäre" des Mietinteressenten zu respektieren.* ■

Für die Beurteilung der Zulässigkeit von Fragen einer Selbstauskunft sind die Umstände des Einzelfalls maßgebend.

Beispiel
Wer als Vermieter mit dem Mietinteressenten eine Umsatzmiete vereinbaren will, hat sicher ein Anrecht auf die Frage nach den bisherigen Umsätzen des Mieters.

Bei Geschäftsraummietverhältnissen muss die Frage nach der bisherigen beruflichen bzw. gewerblichen Tätigkeit des Mietinteressenten ebenso zugelassen werden wie die Frage nach der Dauer des letzten Geschäftsraummietverhältnisses.

Was ist nun aber, wenn der potenzielle Mieter eine zulässige Frage falsch beantwortet hat?

Sind Sie als Vermieter von einem Mieter getäuscht worden, sollten Sie den Vertrag nicht nur wegen arglistiger Täuschung anfechten, sondern ihn vorsorglich auch noch fristlos kündigen. Denn in der Rechtsprechung wird die Auffassung vertreten, dass eine Anfechtung wegen arglistiger Täuschung nur vor der Überlassung der Mietsache in Betracht komme. Danach sei nur eine fristlose Kündigung möglich.

Für Vermieter empfehlenswert: Schufa-Selbstauskunft

Für Vermieter ist es darüber hinaus durchaus empfehlenswert, von einem Mietinteressenten eine so genannte Schufa-Selbstauskunft zu verlangen. Aus Datenschutzgründen ist der Vermieter nicht berechtigt, derartige Auskünfte abzufragen. Dies kann nur der jeweilige Mietinteressent selbst tun.

Im Übrigen haben Vermieter, die Zweifel haben, ob der Mietinteressent die Miete auch regelmäßig bezahlen kann, noch die Möglichkeit, eine Auskunft aus dem Schuldnerverzeichnis einzuholen. Dieses Verzeichnis wird bei dem jeweils für den Wohnsitz des Mietinteressenten zuständigen Amtsgericht geführt. Darin sind Personen oder Firmen eingetragen, die die Eidesstattliche Versicherung (früher: Offenbarungseid) abgegeben haben oder gegen die Haft angeordnet ist, um diese Abgabe zu erzwingen. Außerdem finden sich darin Personen oder Firmen, gegen die die Eröffnung eines Insolvenzantrags mangels Masse abgelehnt wurde.

> ■ *Informationen aus dem Schuldnerverzeichnis dürfen nach § 915 Abs. 3 ZPO unter anderem erteilt werden, "um wirtschaftliche Nachteile abzuwenden, die daraus entstehen können, dass Schuldner ihren Zahlungsverpflichtungen nicht nachkommen" können. Als Vermieter können Sie unter Hinweis auf diese gesetzliche Bestimmung unter Darlegung der Vermietungsabsicht schriftlich, eventuell auch telefonisch, Auskünfte aus dem Schuldnerverzeichnis verlangen.* ■

Wer tritt als Mieter in den Vertrag ein?

Es ist geschafft: Mieter und Vermieter sind sich einig, dass sie den Mietvertrag abschließen wollen. Nun stellt sich für den künftigen Mieter zunächst die Frage, wer alles als Mieter in den Mietvertrag eintreten, ihn also mit unterschreiben soll.

Dies ist vor allem eine Entscheidung darüber, wer für Verpflichtungen aus dem Mietvertrag haften soll. Schließen nämlich mehrere natürliche oder juristische Personen gemeinsam einen Mietvertrag, so haften sie dem Vermieter gegenüber für alle aus dem Vertrag resultierenden Verpflichtungen, insbesondere für die Zahlung der Miete, als so genannte Gesamtschuldner. Das bedeutet, dass der Vermieter seine Ansprüche jedem einzelnen der Mieter gegenüber ganz oder zum Teil geltend machen kann. Er muss sich nicht auf seinen auch gegenüber den anderen Mietern bestehenden Anspruch verweisen lassen.

Beispiel

Hubert M. wohnt mit zwei Freunden in einer Wohngemeinschaft. Jeder von ihnen hat den Mietvertrag unterschrieben. Einer seiner Mitbewohner, Alfred K., hat massive Geldprobleme und leistet schon seit zwei Monaten seinen Anteil der Miete nicht. Nun kommt die Vermieterin, Frau M., mit der Forderung auf Hubert M. zu, die fälligen Mietanteile des Alfred K. zu bezahlen.

Ihm bleibt nichts anderes übrig, als Alfred K.s Mietanteil in voller Höhe zu übernehmen. Er kann seine Vermieterin weder auf Alfred K. selbst noch auf den dritten Mitbewohner der Wohngemeinschaft verweisen. Allerdings hat er im Innenverhältnis gegenüber Alfred K. einen Erstattungsanspruch.

■ *Die gesamtschuldnerische Haftung ist in allen gängigen Formularmietverträgen üblicherweise ausdrücklich geregelt. Zulässigkeitsbedenken insoweit bestehen nicht.* ■

Sind nur ein Hauptmieter, nicht aber dessen Mitbewohner oder Mitnutzer der Mietsache in den Mietvertrag einbezogen, haftet dieser als alleiniger Schuldner. Das gilt auch für Ehepartner, für Familienangehörige und für Lebenspartner, die zu einem späteren Zeitpunkt in die Wohnung aufgenommen wurden. Ihnen gegenüber hat der Vermieter keine direkten Ansprüche.

Was ist bei einer Kündigung?

Einseitige Erklärungen mit Wirkung für und gegen alle Mieter – dazu gehören insbesondere Kündigungen und Mieterhöhungserklärungen, aber auch Erklärungen im Rahmen einer Mietaufhebungsvereinbarung – sind nicht wirksam, wenn sie nur einem Mieter gegenüber abgegeben werden. Allerdings: Eine formularmäßige Vereinbarung (etwa im Vertrag), wonach ein Mieter von den übrigen Mietern bevollmächtigt ist, eine an alle gerichtete Kündigungs- oder Mieterhöhungserklärung entgegenzunehmen, ist wirksam.

Die Gesamtschuldnerschaft endet nicht mit der Beendigung des Mietverhältnisses. Der Räumungs- und Herausgabeanspruch besteht gegenüber allen Mietern unabhängig davon, ob sie noch in der Wohnung wohnen oder nicht.

Ist einer der Mieter vorzeitig ausgezogen, aber nicht ausdrücklich vom Vermieter aus dem Mietverhältnis entlassen worden, kann und muss er zusammen mit den verbliebenen Mietern gerichtlich auf Räumung und Herausgabe der Wohnung in Anspruch genommen werden, wenn die Wohnung nicht insgesamt frist- und ordnungsgemäß herausgegeben wird. Die früher vertretene Auffassung, ein Mieter, der die Wohnung mit der erkennbaren Absicht, nicht wiederzukehren, verlassen hat, könne nicht mehr auf die Herausgabe verklagt werden, ist inzwischen überholt.

Beispiel

Hubert M. ist bereits seit sechs Monaten aus seiner Wohngemeinschaft ausgezogen. Den Mietvertrag hatte er ebenso wie seine Mitbewohner unterzeichnet. Da auch die Mitbewohner die Wohngemeinschaft nicht mehr aufrechterhalten wollen, haben sie den Wohnvertrag gekündigt.

Der Räumungstermin für die Wohnung ist bereits verstrichen, doch das schwarze Schaf Alfred K. fällt schon wieder negativ auf: Er hat jede Menge Gerümpel einfach in seinem Zimmer stehen lassen und ist dann spurlos verschwunden.

Vermieterin M. wendet sich wieder an Hubert M. und bittet ihn dafür zu sorgen, dass die Wohnung vollständig geräumt wird. Sollte er dieser Bitte nicht freiwillig nachkommen, kann er im Zuge einer Räumungsklage dazu gezwungen werden.

Form und Inhalt des Mietvertrags

Zunächst einmal: Mietverträge können grundsätzlich formlos, also zum Beispiel auch mündlich und durch konkludentes Handeln, abgeschlossen werden. Konkludentes Handeln heißt hier, dass der Vermieter dem Mieter die Schlüssel überreicht und der Mieter die Wohnung für sich nutzt.

Was bisher nur für Wohnraummietverträge galt, gilt nun auch für Mietverträge über Grundstücke, Geschäftsräume und Räume allgemein: Sie bedürfen der Schriftform lediglich für den Fall, dass sie für eine längere Zeit als ein Jahr abgeschlossen werden.

Wird die Schriftform bei längerfristigen Mietverträgen nicht eingehalten, so hat dies auf die Wirksamkeit des Vertrags allerdings keinen Einfluss. Er kann lediglich erstmals zum Schluss des ersten Mietjahres gekündigt werden und gilt ansonsten auf unbestimmte Zeit.

Üblich: die Schriftform

Haben die Mietvertragsparteien für den von ihnen beabsichtigten Mietvertrag die Schriftform vereinbart, so muss diese auch zur Wirksamkeit des Vertrags eingehalten werden.

Da die Schriftform jedoch eine „freiwillige Entscheidung" ist – die Juristen sprechen hier von einer „gewillkürten Schriftform" im Gegensatz zur „gesetzlichen Schriftform" –, braucht dieser Vertrag nicht von beiden Parteien auf derselben Urkunde unterschrieben werden. Gegenseitig übermittelte Schriftstücke, seien es Briefe oder Faxe, reichen durchaus aus.

Form und Inhalt des Mietvertrags

Im Anhang finden Sie ein Beispiel eines Mietvertrags für Wohnräume (ab Seite 101).

Formular oder nicht?

Achten Sie bei Vertragsabschluss darauf, dass alles, was geregelt werden soll, auch schriftlich festgehalten ist. Falls Sie ein Formular verwenden, machen Sie die im Vordruck vorgesehenen Alternativen kenntlich bzw. streichen Sie die von Ihnen nicht gewollten Passagen.

> ■ *Vorsicht bei Formularmietverträgen, wenn es um Geschäftsräume geht: Wird hier beim Abschluss des Mietvertrags ein Formular „Mietvertrag für Wohnräume" verwendet, so genießt der Geschäftsraummieter die gleichen gesetzlichen Schutzrechte, die dem Wohnraummieter zustehen.* ■

Grundsätzlich gilt, dass echte Individualabreden immer Vorrang vor Formularklauseln haben. Doch was sind „echte Individualabreden"?

Diese Frage ist vor allem dann interessant, wenn das Formular Klauseln enthält, die von der Rechtsprechung als nicht wirksam beurteilt wurden, weil sie den Mieter „entgegen den Geboten von Treu und Glauben unangemessen benachteiligen", wie es in § 9 des auch für Formularmietverträge gültigen AGB-Gesetzes heißt.

Hier reicht es keinesfalls aus, wenn der Mieter etwa erklärt, alle Klauseln gelesen und verstanden zu haben und mit ihnen einverstanden zu sein. Vielmehr muss eine Individualabrede das Ergebnis eines echten Aushandelns sein. Dies muss sich in Änderungen des vorformulierten Vertragstextes oder in Zusatzvereinbarungen niederschlagen.

Mietverträge in einer Eigentumswohnanlage

Als Vermieter einer Eigentumswohnung müssen Sie bei der Formulierung des Mietvertrags besonders aufpassen. Sie sind nämlich nicht nur Vertragspartner Ihres Mieters, sondern gleichzeitig Mitglied einer Wohnungseigentümergemeinschaft. Sie müssen sich also auch Mehrheitsentscheidungen der anderen Wohnungseigentümer beugen und diese als rechtsverbindlich akzeptieren – auch, wenn Sie selbst nicht damit einverstanden sind.

Andererseits bestehen zwischen Ihrem Mieter und der Wohnungseigentümergemeinschaft keinerlei rechtliche Beziehungen. Beschlüsse der Wohnungseigentümergemeinschaft ändern also am Inhalt des einmal mit Ihnen abgeschlossenen Mietvertrags nicht. Dies kann für Sie als Vermieter zu einer verzwickten Situation führen.

Beispiel
Sie haben Ihrem Mieter im Mietvertrag das Halten von Haustieren gestattet, der sich denn auch eine Katze hält. Nun beschließt aber die Wohnungseigentümergemeinschaft plötzlich ein generelles Tierhaltungsverbot. Nach Lage der Dinge dürfen Sie Ihrem Mieter die Katzenhaltung nicht untersagen, andererseits kann die Eigentümergemeinschaft nun Sie wegen der aus ihrer Sicht unerlaubten Haustierhaltung Ihres Mieters rechtlich belangen.

Um eine solche Situation zu vermeiden, sollten Sie bei der Vermietung einer Eigentumswohnung auf jeden Fall eine Individualabsprache mit Ihrem Mieter treffen, dass Beschlüsse der Wohnungseigentümergemeinschaft, die Auswirkungen auf die mietvertraglichen Vereinbarungen haben, vom Mieter als einseitige Vertragsänderungen akzeptiert werden. Eine solche „Anpassungsklausel" könnte wie folgt aussehen:

Beispiel: Anpassungsklausel
Dem Mieter ist bekannt, dass es sich bei der angemieteten Wohnung um eine Eigentumswohnung handelt. Der Mieter erklärt sich bereit, Beschlüsse der Wohnungseigentümergemeinschaft, die sich auf den hier abgeschlossenen Mietvertrag auswirken, mit dem Zeitpunkt ihres Inkrafttretens als wirksamen Bestandteil des mit ihm bestehenden Mietvertrags anzuerkennen.

Der Vermieter verpflichtet sich, den Mieter umgehend von Beschlüssen, die das Mietverhältnis berühren, zu unterrichten und ihm die ordnungsgemäße Beschlussfassung durch die Eigentümergemeinschaft nachzuweisen.

> ■ *Die genannten Grundsätze gelten ebenso für die Vermietung von Teileigentum.*

Der Zeitmietvertrag

Das alte Mietrecht sah zwei Formen des Zeitmietvertrags vor: den einfachen und den qualifizierten.

Beim einfachen Zeitmietvertrag konnte der Mieter spätestens zwei Monate vor dem vertraglich vorgesehenen Beendigungszeitpunkt dem Vermieter gegenüber die Fortsetzung des

Mietverhältnisses über die Befristung hinaus auf unbestimmte Zeit verlangen, soweit der Vermieter dem nicht ein berechtigtes Interesse an der Beendigung des Mietverhältnisses im Sinne der Kündigungsvorschriften entgegensetzen konnte.

Diesen einfachen Zeitmietvertrag kennt das neue Mietrecht nicht mehr. Er ist ersatzlos weggefallen.

Zeitmietverträge sind ab dem 1. September 2001 nur noch als qualifizierte Verträge gültig. Und auch hier gibt es wesentliche Änderungen. Beispielsweise besteht die früher auf fünf Jahre festgesetzte Höchstdauer der Befristung nicht mehr.

Gründe für eine Befristung

Ein befristeter Mietvertrag kann nach dem neuen Mietrecht nur noch dann abgeschlossen werden, wenn einer der folgenden Befristungsgründe vorliegen, die dem Mieter bei Vertragsabschluss schriftlich mitgeteilt werden müssen (echter Zeitmietvertrag):

- Der Vermieter will nach Ablauf der Mietzeit die Räume als Wohnung für sich, seine Familienangehörigen oder Angehörige seines Haushalts nutzen, also Eigenbedarf geltend machen.

- Der Vermieter will die Räume in zulässiger Weise beseitigen oder so wesentlich verändern oder instand setzen, dass die Maßnahmen durch eine Fortsetzung des Mietverhältnisses erheblich erschwert würden.

- Der Vermieter will die Räume an einen zur Dienstleistung Verpflichteten (z. B. Hausmeister) vermieten.

> *Liegt keiner dieser Gründe vor oder ist dem Mieter der Grund nicht bei Vertragsabschluss schriftlich mitgeteilt worden, gilt das Mietverhältnis als auf unbestimmte Zeit geschlossen.*

Der Vermieter muss dem Mieter die Gründe für die Befristung konkret mitteilen und darf nicht einfach den Gesetzestext formelhaft wiederholen.

Beispiel
Der Vermieter darf als Befristungsgrund nicht einfach angeben: „Der Mietvertrag wird auf zwei Jahre befristet, weil danach Eigenbedarf besteht." Vielmehr muss er konkret darlegen, welcher Art dieser Eigenbedarf ist: „Der Mietvertrag wird auf zwei Jahre befristet, weil meine Tochter Monika zu dem Zeitpunkt ihr Studium abgeschlossen haben und in die Wohnung einziehen wird."

Ein einmal für die Befristung angegebener Grund (z. B. Eigenbedarf) kann nicht gegen einen anderen ausgetauscht werden. Die Umstände innerhalb des Befristungsgrunds jedoch dürfen sich ändern.

Beispiel
Tochter Monika benötigt doch noch längere Zeit für ihr Studium. Doch hat Sohn Michael nun in seiner Heimatstadt eine Arbeitsstelle erhalten und möchte gerne in die Wohnung einziehen. Der Befristungsgrund „Eigenbedarf" bleibt bestehen und der Mieter muss die Wohnung zum vorgesehenen Zeitpunkt für Michael räumen.

Beendigung des Zeitmietverhältnisses

Sind die Voraussetzungen für den echten Zeitmietvertrag erfüllt, endet das Mietverhältnis zum vorgesehenen Zeitpunkt, ohne dass es weiterer Erklärungen bedarf oder der Mieter einen Verlängerungsanspruch hätte.

Allerdings kann der Mieter bis zu vier Monate vor Ablauf der Befristung vom Vermieter verlangen, dass er ihm binnen eines Monats mitteilt, ob der Befristungsgrund noch besteht. Das heißt, nach dem neuen Mietrecht muss der Mieter tätig werden, wenn er ein Interesse daran hat, dass das Mietverhältnis über das vereinbarte Mietende hinaus weiter bestehen bleibt.

Falls der Grund für die Befristung nicht mehr weiter besteht, weil z. B. die Tochter, für die ein Eigenbedarf bestand, es sich anders überlegt hat und gar nicht in die Wohnung einziehen will, kann der Mieter nach seiner Wahl eine Verlängerung auf unbestimmte Zeit verlangen oder die Wohnung mit Ablauf der Befristung aufgeben und ausziehen.

Im Gegensatz zu früher kann sich der Mieter im Hinblick auf den Beendigungszeitpunkt nicht mehr auf die Sozialklausel (vgl. S. 74) berufen. Dies ist höchstens noch möglich, wenn sich der Vermieter vor Ablauf der Vertragslaufzeit auf ein Sonderkündigungsrecht beispielsweise bei einer Einliegerwohnung beruft. Dann kann der Mieter bei Vorliegen bestimmter Härtegründe eine Fortsetzung des Mietverhältnisses verlangen, allerdings höchstens bis zum vertraglich bestimmten Beendigungszeitpunkt.

Wie hoch darf die Miete sein?

Die Miethöhe ist ein Thema, bei dem es oft zu Unstimmigkeiten zwischen Vermieter und Mieter kommt. Welche Miethöhe ist angemessen? Welche Mieterhöhungen muss der Mieter akzeptieren, welche nicht? Und mit welchen Kosten muss er außer der Miete noch rechnen?

Grundlage der Miethöhe: die ortsübliche Vergleichsmiete

Selbstverständlich kann ein Wohnungsvermieter die Höhe der Miete, die er verlangt, nach eigenem Ermessen bestimmen. Allerdings sind ihm dabei vom Gesetzgeber nach oben bestimmte Grenzen gesetzt.

> ■ *Der Grundsatz, wonach die Wohnungsmiete frei vereinbart werden kann, gilt nicht für Sozialwohnungen, für die ausschließlich die so genannte Kostenmiete verlangt werden kann.* ■

Wie auch bereits im alten Mietrecht ist weiterhin die „ortsübliche Vergleichsmiete" der Maßstab dessen, was der Vermieter dem Mieter an Miete abverlangen kann. Sie darf um höchstens 20 Prozent überschritten werden. Wenn die ortsübliche Vergleichsmiete um mehr als 20 Prozent überschritten wird, spricht man von einer Mietpreisüberhöhung, die mit einer Geldbuße von bis zu 100 000 DM geahndet werden kann. Wird sie gar um mehr als 50 Prozent überschritten, kann es sich um Mietwucher handeln.

> ■ *Die Miete, die die ortsübliche Vergleichsmiete um mehr als 20 Prozent übersteigt, kann durch den Mieter zurückgefordert werden. Dieser Anspruch verjährt nach vier Jahren.* ■

Eine Übersicht über die ortsübliche Vergleichsmiete bieten Mietspiegel. Sie müssen grundsätzlich Kaltmieten (Nettomieten) ausweisen.

Mietspiegel können für das Gebiet einer oder mehrerer Gemeinden und mit Inkrafttreten des neuen Mietrechts auch für Teile von Gemeinden zugelassen werden. Mit dieser neuen Regelung will man besonderen örtlichen Gegebenheiten besser gerecht werden.

Wie aktuell muss ein Mietspiegel sein?

Mietspiegel sollen wie bisher auch im Abstand von zwei Jahren aktualisiert werden. Hier handelt es sich aber – im Gegensatz zum qualifizierten Mietspiegel (s. u.) – nur um eine Sollvorschrift, d. h. auch ältere Mietspiegel verlieren nicht ihre Gültigkeit.

Eine Verpflichtung der Städte und Gemeinden zur Erstellung von Mietspiegeln besteht nach wie vor nicht.

Neu: der qualifizierte Mietspiegel

Der im Zuge der Mietrechtsreform neu geschaffene qualifizierte Mietspiegel zeichnet sich im Gegensatz zum einfachen Mietspiegel dadurch aus, dass

- er von der Gemeinde oder von den Interessenvertretern der Mieter und Vermieter anerkannt sein (eines von beiden reicht aus) und
- zwingend im Abstand von zwei Jahren der Marktentwicklung angepasst werden muss.

Nach vier Jahren ist er vollständig neu zu erstellen. Dadurch wird vermutet, dass die dort angegebenen Entgelte tatsächlich die ortsübliche Vergleichsmiete wiedergeben.

> ■ *Ist ein qualifizierter Mietspiegel entgegen den gesetzlichen Vorschriften nach Zeitablauf nicht aktualisiert bzw. neu erstellt worden, steht er dem einfachen Mietspiegel gleich.* ■

Wie ist das mit den Mieterhöhungen?

Welcher Mieter freut sich schon über eine Mieterhöhung? Doch kann selbst der rücksichtsvollste Vermieter auf die Dauer nicht auf Mieterhöhungen verzichten. Und nicht selten kommt es daraufhin zu Auseinandersetzungen zwischen Mieter und Vermieter.

Im neuen Mietrecht gibt es – abgesehen von der Index- oder Staffelmiete, die Sie vertraglich vereinbaren können (s. u.) – wie bereits im alten folgende Möglichkeiten bzw. Gründe, eine Mieterhöhung durchzusetzen:

- Vereinbarung der Parteien
- Zustimmung zur Erhöhung der Miete bis zur ortsüblichen Vergleichsmiete
- Durchführung von Modernisierungsmaßnahmen
- Erhöhung der Betriebskosten

Die Mieterhöhung nach Vereinbarung

Die Mieterhöhung nach Vereinbarung ist natürlich die optimale Lösung. Hier erklären sich beide Parteien einverstanden, dass, wann und in welcher Höhe eine Mieterhöhung erfolgen soll, und ein Streit wird vermieden.

> ■ Es kann aber nicht nur eine Mieterhöhung während des Mietverhältnisses frei vereinbart werden. Vermieter und Mieter können auch nachträglich eine Staffel- oder Indexmiete, bei der in gewissen Zeitabschnitten Mieterhöhungen bereits vertraglich festgelegt sind, vereinbaren. ■

Auch bei einvernehmlichen Mieterhöhungen müssen Sie natürlich darauf achten, dass die neu vereinbarte Miethöhe die ortsübliche Vergleichsmiete um nicht mehr als 20 Prozent übersteigt.

Ist eine einvernehmliche Lösung nicht möglich, kann der Vermieter nur im Rahmen eines förmlichen, im Gesetz im Einzelnen geregelten Verfahrens die Zustimmung zur Erhöhung der Miete fordern. Erhält er dann die Zustimmung vom Mieter noch immer nicht, muss er vor Gericht auf Zustimmung klagen.

Eine weitere Möglichkeit: Der Mieter stimmt dem Erhöhungsverlangen zu

Ein Vermieter kann vom Mieter die Zustimmung zu einer Mieterhöhung bis zur ortsüblichen Vergleichsmiete verlangen, wenn

- die Miete zu dem Zeitpunkt, zu dem die Erhöhung eintreten soll, seit 15 Monaten unverändert ist und
- das Mieterhöhungsverlangen dem Mieter frühestens ein Jahr nach Inkrafttreten der letzten Mieterhöhung zugeht (unabhängig von dem Zeitpunkt, zu dem die Erhöhung wirksam werden soll).

Beispiel

Frau K. bekommt am 10. Mai 2001 ein Schreiben, in dem ihr Vermieter ab 1. Oktober 2001 eine höhere Miete verlangt. Sie hatte bereits im Vorjahr einer Mieterhöhung zum 1. Juni 2000 zugestimmt. Das neuerliche Mieterhöhungsverlangen ihres Vermieters ist unwirksam, da es Frau K. vor Ablauf eines Jahres, nämlich vor dem 1. Juni 2001, zugegangen ist. Der Vermieter muss sein Verlangen also zu einem späteren Zeitpunkt wiederholen, damit es Wirksamkeit erlangt.

■ *Diese Frist muss nicht beachtet werden, wenn die geplante Erhöhung mit Modernisierungsmaßnahmen oder gestiegenen Betriebskosten begründet wird.* ■

Ein Vermieter, der eine Mieterhöhung plant, muss außerdem die so genannte Kappungsgrenze beachten: Die Miete darf sich – wieder abgesehen von Modernisierungsmaßnahmen und gestiegenen Betriebskosten – innerhalb von drei Jahren vor dem beabsichtigten Wirksamwerden des Mieterhöhungsverlangens um nicht mehr als 20 Prozent (nach altem Mietrecht waren es 30 Prozent innerhalb von drei Jahren) erhöhen. Hier hat das neue Mietrecht also einen deutlichen Vorteil für den Mieter gebracht.

Beispiel

Herr S. zahlt seit dem 1. September 1998 eine Miete von 800 DM. Der Vermieter möchte die Miete mit Wirkung ab September 2001 auf einen Betrag von 980 DM erhöhen. Damit hat er die Kappungsgrenze (800 DM + 20 % = 960 DM) nicht eingehalten und die Erhöhung der Miete ist unzulässig.

Form und Begründung der Mieterhöhung

Ein Vermieter muss das Verlangen nach Zustimmung zur Mieterhöhung nach wie vor schriftlich geltend machen. Das

Mieterhöhungsverlangen kann auch maschinell erstellt werden und muss nicht mehr eigenhändig unterschrieben werden.

Ein Mieterhöhungsverlangen ohne Begründung ist allerdings unwirksam. Zur Begründung kann der Vermieter Bezug nehmen auf

- einen Mietspiegel (s. o.),
- eine Auskunft aus einer Mietdatenbank (gibt es bisher nur in Hannover),
- ein mit Gründen versehenes Gutachten eines öffentlich bestellten und vereidigten Sachverständigen oder
- durch Benennung von drei Vergleichswohnungen.

Ein Muster dazu finden Sie im Anhang (ab Seite 119).

Gibt es für die Gemeinde, in der sich die Mieträume befinden, einen qualifizierten Mietspiegel, so muss der Vermieter dem Mieter die dort enthaltenen Angaben für die Wohnung in seinem Mieterhöhungsverlangen auf jeden Fall mitteilen, selbst wenn er sie nicht zur Begründung heranzieht.

Verlangt ein Vermieter eine höhere Miete als im qualifizierten Mietspiegel vorgesehen, so kann er für den Fall, dass der Mieter dem Mieterhöhungsverlangen nicht zustimmt, gerichtlich überprüfen lassen, ob der qualifizierte Mietspiegel tatsächlich die ortsübliche Vergleichsmiete für die konkret in Frage stehende Wohnung wiedergibt oder nicht. Kommt das Gericht zu dem Ergebnis, dass keine höhere als im Mietspiegel vorgesehene Miete gefordert werden darf, erhält der Vermieter dann immerhin noch die dort ausgewiesene Miete.

> ■ *Ist zu dem Zeitpunkt, zu dem der Vermieter sein Mieterhöhungsverlangen stellt, kein aktueller Mietspiegel vorhanden, so kann er auch einen anderen Mietspiegel zugrunde legen (etwa einen veralteten oder den einer vergleichbaren Gemeinde).* ■

Will ein Vermieter sein Mieterhöhungsverlangen auf ein Sachverständigengutachten stützen, muss er darauf achten, dass der Sachverständige sowohl öffentlich bestellt als auch vereidigt ist. Im Gegensatz zum alten Mietrecht sind jetzt beide Voraussetzungen zwingend erforderlich. Steht kein in Frage kommender Sachverständiger zur Verfügung, kann sich der Vermieter auch an die zuständige Industrie- und Handelskammer wenden.

In seiner Begründung muss der Sachverständige neben den Mietpreisen auch die Adressen der von ihm herangezogenen Vergleichswohnungen offen legen, damit der Mieter die Möglichkeit hat, das Gutachten zu überprüfen.

> ■ *Sollten die Eigentümer bzw. Mieter der Vergleichswohnungen einer solchen Offenlegung nicht zustimmen, muss der Sachverständige die Vergleichskriterien der Wohnungen nach Lage, Ausstattung usw. im Einzelnen in seinem Gutachten darlegen.* ■

Nennt der Vermieter zur Begründung seines Mieterhöhungsverlangens drei Vergleichswohnungen, müssen diese für den Mieter identifizierbar und so beschrieben sein, dass er sich ein Bild von ihrer Vergleichbarkeit mit seiner Wohnung machen kann.

> ■ *Vergleichbar heißt hier übrigens nicht gleich. Die Vergleichswohnungen können von der Wohnfläche her und in Details der Ausstattung durchaus von der vom Mieterhöhungsverlangen betroffenen Wohnung abweichen.* ■

Alle vom Vermieter benannten Vergleichsmieten müssen mindestens so hoch sein wie die neu verlangte Miete. Aus den Vergleichsmieten eine Durchschnittsmiete zu bilden, ist nicht zulässig.

Beispiel

Die bisherige Miete der Wohnung betrug 700 DM. Nun hat der Vermieter, Herr L., festgestellt, dass in der Nachbarschaft einige Wohnungen entschieden teurer sind. Er findet zwei vergleichbare Wohnungen, deren Miete sogar 1000 DM beträgt, eine weitere wird für monatlich 750 DM vermietet. Herr L. ist der Überzeugung, wenn er die Miete auf 780 DM erhöhe, wohne sein Mieter immer noch sehr günstig.

Er schickt ihm ein entsprechendes Mieterhöhungsverlangen unter Nennung der drei Vergleichswohnungen zu. Sein Mieter findet aber mit Recht, dass dieses Mieterhöhungsverlangen unwirksam sei, da eine der Vergleichswohnungen mit 750 DM Monatsmiete schließlich günstiger sei als seine Wohnung es nach der geplanten Mieterhöhung wäre.

> ■ *Die Vergleichsmieten können auch aus dem Wohnungsbestand des Vermieters stammen und sogar im gleichen und gegebenenfalls in dem vom Mieter selbst bewohnten Haus liegen.* ■

Natürlich muss sich ein Mieter nicht sofort entscheiden, ob er dem Mieterhöhungsverlangen seines Vermieters zustimmt oder nicht. Vielmehr hat er eine Überlegungsfrist bis zum Ablauf des zweiten Kalendermonats nach dem Zugang des Erhöhungsverlangens. Liegt dem Vermieter die Zustimmung bis dahin nicht vor, kann er auf Erteilung der Zustimmung klagen. Dies muss innerhalb von drei Monaten nach Ablauf der Frist zur Zustimmung erfolgen (früher: zwei Monate).

> ■ *Diese Frist zur Klageerhebung ist eine Ausschlussfrist. Das bedeutet, dass der Vermieter bei Fristversäumnis alle Rechte aus dem Mieterhöhungsverlangen verliert. Er muss dann ein komplett neues Erhöhungsverlangen in Gang setzen.* ■

Stimmt der Mieter der Mieterhöhung zu, so schuldet er die erhöhte Miete mit Beginn des dritten Kalendermonats nach dem Zugang des Erhöhungsverlangens.

Beispiel
Überreicht der Vermieter seinem Mieter im Juni ein Mieterhöhungsverlangen, in dem er mit Wirkung vom Juli desselben Jahres ab die erhöhte Miete verlangt, so wird er damit wenig Erfolg haben: Die höhere Miete ist erst ab September desselben Jahres fällig.

Die Zustimmung zur Mieterhöhung ist formfrei, sie kann also auch mündlich erfolgen.

Im Gegensatz zu früher gilt die Zustimmung aber noch nicht nach einmaliger Zahlung der erhöhten Miete ohne weitere Erklärung für erteilt. Erst wenn die erhöhte Miete zweimal ohne Vorbehalte bezahlt worden ist, gilt sie als vereinbart.

Wenn die Miete wegen Modernisierung erhöht werden soll

Werden in einem Gebäude bzw. in einer Wohnung Modernisierungsmaßnahmen durchgeführt, müssen Mieter danach häufig mit einer höheren Miete rechnen.

Wie ist das mit den Mieterhöhungen?

Grundsätzlich kann ein Vermieter die jährliche Miete für die Wohnung um elf Prozent der für die Wohnung aufgewendeten Kosten erhöhen, wenn

- die Modernisierungsmaßnahmen den Gebrauchswert der Wohnung nachhaltig erhöhen,
- die Maßnahmen die allgemeinen Wohnverhältnisse auf Dauer verbessern oder nachhaltige Einsparungen von Energie und Wasser bewirken oder
- andere bauliche Maßnahmen aufgrund von Umständen durchgeführt werden, die der Vermieter nicht zu vertreten hat (z. B. aufgrund behördlicher Anordnung).

Sind die baulichen Maßnahmen für mehrere Wohnungen durchgeführt worden, sind die Kosten der Modernisierung angemessen auf die einzelnen Wohnungen aufzuteilen.

Beispiel
In einem Dreifamilienhaus mit drei gleich großen Wohnungen muss die Heizungsanlage komplett erneuert werden. Die Kosten dafür belaufen sich auf insgesamt 30 000 DM. Pro Wohnung ergeben sich also Kosten in Höhe von 10 000 DM. Daraus elf Prozent entsprechen 1. 100 DM. In dieser Höhe darf die jeweilige Jahresmiete erhöht werden. Das entspricht einer Erhöhung der monatlichen Miete in Höhe von 1 100 DM : 12, also rund 90 DM.

Hat der Vermieter für die Modernisierungsmaßnahmen Zuschüsse oder Darlehen von dritter Seite erhalten, so wirkt sich dies unmittelbar auf den Umfang der Mieterhöhungen aus:

- Kosten der Modernisierung, die vom Mieter, für diesen von einem Dritten oder als Zuschüsse aus öffentlichen Mitteln stammen, gehören nicht zu den Kosten, die prozentual auf die einzelnen Wohnungen umgelegt werden können.

- Wurden die Kosten der Modernisierung ganz oder teilweise durch zinsverbilligte oder zinslose Darlehen aus öffentlichen Haushalten gedeckt, verringern sich die umlegbaren Kosten um den Jahresbetrag der Zinsermäßigung, der sich aus dem Unterschied zwischen dem ermäßigten und dem marktüblichen Zinssatz für den Ursprungsbetrag des Darlehens zum Zeitpunkt der Beendigung der Modernisierungsmaßnahme errechnet.

Beispiel

Für die im vorigen Beispiel genannten Modernisierungsmaßnahme hat der Vermieter einen zinslosen Kredit aus öffentlichen Mitteln in Höhe von 10 000 DM erhalten. Die marktüblichen Zinsen mögen zum Zeitpunkt der Beendigung der Modernisierung 10 Prozent betragen. Dies entspricht einer Differenz der fälligen Zinszahlungen von 1 000 DM im Jahr.

Daher kann der Vermieter als Kosten für die Modernisierung nicht 30 000 DM, sondern nur 29 000 DM für die Berechnung der möglichen Mieterhöhung zugrunde legen. Pro Wohnung wären das also 29 000 DM : 3 ≈ 9 650 DM, was einer möglichen jährlichen Mieterhöhung in Höhe von 11 % aus 9 650 DM = 1 061,50 entspricht. Im Monat wären das etwa DM 88,50 mehr Miete, die der Vermieter verlangen könnte.

> - *Wird dem Vermieter das zinsfreie oder zinsgünstige Darlehen nicht aus öffentlichen Mitteln, sondern beispielsweise von einem nahen Verwandten gewährt, so muss er den Zinsvorteil nicht von den der Mieterhöhung zugrunde gelegten Kosten abziehen. Ausnahme: Dieser Verwandte ist der betroffene Mieter oder hat das Darlehen für Letzteren gewährt.*

Die Erhöhungserklärung aufgrund von Modernisierungsmaßnahmen hat schriftlich zu erfolgen. Ein maschinell erstellter Text reicht hier durchaus aus. Er muss auch nicht eigenhändig unterschrieben sein.

Der Vermieter muss die Erhöhung innerhalb der Erklärung berechnen und erläutern. Der Mieter schuldet dann die höhere Miete mit Beginn des dritten Monats nach Zugang der Erhöhungserklärung (früher: mit Beginn des zweiten Monats).

Ein Musterschreiben für ein Mieterhöhungsverlangens wegen Modernisierung finden Sie im Anhang ab Seite 121.

> ■ *Zwar ist die vorausgegangene Mitteilung über die Durchführung der Modernisierung nicht Voraussetzung für die Wirksamkeit des Erhöhungsverlangens. Unterlässt der Vermieter aber eine solche Mitteilung, verlängert sich der Zeitraum, bis die höhere Miete gezahlt werden muss, um sechs Monate. Die neue Miete ist also erst ab Beginn des neunten Monats nach Zugang der Erklärung fällig.* ■

Wann ist die Miete fällig?

Nach dem neuen Recht ist die Miete bei Wohn- und Geschäftsräumen zu Beginn, also im Voraus, und zwar spätestens bis zum dritten Werktag der einzelnen Zeitabschnitte, nach denen sie bemessen ist, zu entrichten.

> ■ *Diese Regelung ist allerdings nicht zwingend und kann vertraglich auch anders geregelt werden.* ■

Dass die Miete bis zum dritten Werktag entrichtet sein muss, bedeutet nicht, dass sie bis dahin tatsächlich beim Vermieter eingegangen sein muss. Der Mieter ist nur dafür verantwortlich, die Miete rechtzeitig auf den Weg zu bringen, beispielsweise durch die Absendung einer ausgefüllten Banküberweisung. Bleibt dann aber die Miete aufgrund von Umständen, die der Mieter nicht zu vertreten hat, irgendwo „hängen", ist der Mieter dennoch seiner Pflicht nachgekommen. Allerdings muss er, falls die Überweisung zum Beispiel auf dem Postweg verloren gegangen ist, die Zahlung noch einmal vornehmen.

Muss der Mieter eine Einzugsermächtigung erteilen?

Viele Formularmietverträge sehen eine Verpflichtung des Mieters vor, dem Vermieter eine Einzugsermächtigung zu erteilen oder am Abbuchungsverfahren teilzunehmen.

Zu einer Teilnahme am Abbuchungsverfahren kann ein Mieter formularmäßig nicht verpflichtet werden. In diesem Fall könnte nämlich der Mieter eine einmal ausgeführte Zahlung nicht wieder rückgängig machen.

Demgegenüber ist die Verpflichtung des Mieters, am Bankeinzugsverfahren teilzunehmen, auch formularmäßig unbedenklich.

Wie ist das mit den Mahnkosten?

Auch Mahnkosten können in pauschalierter Höhe formularmäßig vereinbart werden, allerdings nur bis zu 10 DM pro Mahnung.

Sind Mahnkosten im Mietvertrag nicht vereinbart, kann der Vermieter sie bei Zahlungsverzug nur als Verzugskosten geltend machen. Das bedeutet, dass er für die Mahnung nur dann Kosten verlangen kann, wenn der Mieter seine Zahlungsverpflichtung schuldhaft verletzt hat.

Wie werden die Betriebskosten abgerechnet?

Bezüglich der Betriebskosten haben sich mit dem neuen Mietrecht nur für Wohnraummietverhältnisse Änderungen ergeben.

Doch zunächst: Was genau sind eigentlich Betriebskosten?

Zu den Betriebskosten zählen

- die laufenden öffentlichen Lasten des Grundstücks,
- die Heizkosten,
- die Kosten für Wasserversorgung,
- für Entwässerung,
- für Warmwasser,
- für einen Personen- oder Lastenaufzug,
- für Straßenreinigung und Müllabfuhr,
- für Hausreinigung und Ungezieferbekämpfung,
- für Gartenpflege,
- für Beleuchtung,
- für Schornsteinreinigung,
- für Sach- und Haftpflichtversicherung,
- für den Hauswart,
- für Antenne oder Kabelanschluss,
- für den Betrieb der Waschmaschine und

- sonstige Betriebskosten (das sind solche Kosten, die dem Vermieter bei der Nutzung des Hauses laufend entstehen, z. B. Kosten für die Wartung von Feuerlöschgeräten, für die regelmäßige Dachrinnenreinigung usw.).

Selbstverständlich kommen bei einem Mietobjekt nur die Kosten zum Tragen, die auch tatsächlich anfallen. Besitzt ein Haus gar keinen Aufzug oder keine allgemein nutzbare Waschmaschine, so können dafür auch keine Kosten abgerechnet werden. Im Übrigen müssen die Betriebskosten, die zum Tragen kommen, nicht einzeln im Mietvertrag aufgeführt werden.

> ■ *Wird nicht ausdrücklich etwas anderes vereinbart, sind die Betriebskosten in der Miete enthalten und mit abgegolten.*

In der Praxis ist es üblich, für die Betriebskosten eine Vorauszahlung zu vereinbaren, über die dann aufgrund des tatsächlichen Verbrauchs bzw. der tatsächlichen Kosten jährlich abgerechnet werden muss.

Nach dem neuen Mietrecht muss diese Abrechnung dem Mieter von Wohnräumen spätestens bis zum Ablauf des zwölften Monats nach Ende des Abrechnungszeitraums mitgeteilt werden. Danach kann der Vermieter keine Betriebskosten mehr abrechnen, es sei denn, er hat die Verspätung nicht zu vertreten.

Ähnliches gilt für mögliche Einwendungen des Mieters gegen die Abrechnung: Er muss diese spätestens bis zum Ablauf des zwölften Monats nach Zugang der Abrechnung erheben.

Beispiel: Einwendungen des Mieters gegen die Betriebskostenabrechnung

Sehr geehrter Herr/Frau …,

Ihre Betriebskostenabrechnung vom ….. (Datum) haben wir erhalten. Gemäß § 556 Abs. 3 BGB sehen wir uns veranlasst, Einwendungen gegen die nachstehend aufgeführten Abrechnungspositionen dem Grunde bzw. der Höhe nach zu erheben:

1. Die Grundsteuer wird ausweislich des Mietvertrags im Rahmen der Betriebskostenregelung nicht geschuldet und kann daher auch nicht in Ansatz gebracht werden.

2. Die Aufzugskosten erscheinen uns so hoch, dass wir nicht davon ausgehen können, dass sie nur die Wartung betreffen, sondern auch Reparaturen, die nicht als Betriebskosten geschuldet werden, mit umfassen. Im Hinblick auf die Ortsverschiedenheit bitten wir darum, uns Kopien der dieser Position zugrunde gelegten Rechnungen zukommen zu lassen. Die Kopierkosten werden von uns übernommen.

Solange die hier aufgeworfenen Fragen nicht geklärt sind, werden wir keine Zahlungen auf die von Ihnen gestellte Nachforderung vornehmen.

Mit freundlichen Grüßen

gez. Mieter/in

> ■ *Kann der Vermieter die Abrechnung nicht vornehmen, weil ihm z. B. die Rechnung des Energieversorgungsunternehmens noch fehlt, ist er zu einer Teilabrechnung der übrigen Betriebskosten nicht verpflichtet.* ■

Betriebskosten für Arbeiten, die der Vermieter selbst ausführt, kann er mit einem dafür angemessenen Betrag auf die Mieter umlegen. Gemeint sind hier etwa Hausreinigung, Winterdienst oder Gartenarbeiten.

Welcher Abrechnungsmaßstab wird zugrunde gelegt?

Nach altem Recht konnte der Vermieter in den Fällen, in denen ein Abrechnungsmaßstab (Umlageschlüssel) für die Betriebskosten im Mietvertrag nicht vereinbart war, diesen einseitig nach billigem Ermessen bestimmen. Mit dem neuen Mietrecht ist nun bei Wohnräumen der Flächenmaßstab (Anteil der Wohnfläche) verbindlich als Umlageschlüssel festgelegt worden, falls im Vertrag nichts anderes vereinbart wurde.

Außerdem kann der Vermieter durch einseitige schriftliche Erklärung die verbrauchsabhängige Abrechnung aller verbrauchs- und verursachungsabhängig erfassten Betriebskosten neu einführen – allerdings nur vor Beginn eines Abrechnungszeitraums.

■ *Waren bisher die Betriebskosten in der Miete enthalten, muss der Vermieter die Miete in entsprechender Höhe reduzieren.* ■

Wann können die Betriebskosten erhöht werden?

Haben Vermieter und Mieter im Mietvertrag eine Betriebskostenpauschale vereinbart, kann der Vermieter eine Betriebskostenerhöhung nur dann auf den Mieter umlegen, wenn sich im Mietvertrag ein entsprechender Vorbehalt findet oder wenn der Mieter einer solchen Erhöhung zustimmt.

Wie werden die Betriebskosten abgerechnet?

> ■ *Wurde eine Bruttomiete (also inklusive der Betriebskosten) vereinbart, so besteht eine Erhöhungsmöglichkeit nur im Rahmen einer Mieterhöhung bis zur ortsüblichen Vergleichsmiete (s. o.).* ■

Für die Erhöhung vereinbarter Betriebskostenpauschalen reicht die Textform aus. Sie kann also auch maschinell erstellt werden und muss nicht unterschrieben sein. In der Erhöhungserklärung muss der Grund für die Umlage genau benannt und für den Mieter nachvollziehbar erläutert sein. Ansonsten wäre das Erhöhungsverlangen unwirksam.

Die erhöhte Betriebskostenpauschale schuldet der Mieter mit Beginn des auf die Erklärung folgenden übernächsten Monats. Dabei kommt es nach dem neuen Mietrecht nicht mehr darauf an, an welchem Tag des Monats dem Mieter die Erklärung zugegangen ist.

Beispiel: Betriebskostenerhöhung

Beispiel 1: Nachzahlung an Vermieter

Sehr geehrte Frau/Herr …,

die letzte Betriebskostenabrechnung für den Zeitraum … ergab eine Nachzahlung zu meinen Gunsten in Höhe von 585,56 DM/Euro.

Gemäß § 560 Abs. 4 BGB nehme ich hiermit eine Anpassung Ihrer Betriebskostenvorauszahlungen in Höhe von bislang monatlich 150,00 DM/Euro auf 200,00 DM/Euro vor.

Bitte berücksichtigen Sie diese Anpassung auf der Mietzahlung für den kommenden Monat.

Mit freundlichen Grüßen

gez. Vermieter/in

Beispiel 2: Nachzahlung an Mieter

Sehr geehrter Herr/Frau ...,

uns ging die letzte Betriebskostenabrechnung für den Zeitraum ... zu. Danach haben wir ein Abrechnungsguthaben in Höhe von 585,56 DM/Euro.

Gemäß § 560 Abs. 4 BGB werden wir eine Anpassung unserer bisherigen Betriebskostenvorauszahlungen vornehmen und entsprechend ab dem kommenden Monat die Vorauszahlungen um 40,00 DM/Euro herabsetzen und somit statt bisher 220,00 DM/Euro an Betriebskostenvorauszahlungen monatlich 180,00 DM/Euro leisten.

Mit freundlichen Grüßen

gez. Vermieter/in

Wenn sich die Betriebskosten rückwirkend erhöht haben

Beruht die Erhöhungserklärung darauf, dass sich die Betriebskosten rückwirkend erhöht haben, so wirkt sie auf den Zeitpunkt der Erhöhung der Betriebskosten zurück, jedoch höchstens auf den Beginn des der Erhöhung vorausgegangenen Kalenderjahres. Voraussetzung ist allerdings, dass der Vermieter die Erklärung innerhalb von drei Monaten nach Kenntnis von der Erhöhung, also z. B. nach Zugang eines Gebührenbescheids, abgibt.

■ *Lediglich angekündigte Erhöhungen setzen die Dreimonatsfrist nicht in Lauf.* ■

Die Heizkostenverordnung hat Vorrang

Nach wie vor gilt, und zwar sowohl für Wohn- als auch für Geschäftsräume, dass die Heizkostenverordnung Vorrang vor allen anderen gesetzlichen oder vertraglichen Regelungen hat. Sie gilt nur dann nicht, wenn es sich um ein Gebäude mit nicht mehr als zwei Wohnungen handelt, von denen eine der Vermieter selbst bewohnt. Ein Beispiel dafür wäre eine Einliegerwohnung im von ihm selbst bewohnten Eigenheim des Vermieters.

> ■ *Eine weitere Ausnahme stellen Gebäude dar, in denen aus technischen Gründen die Anbringung von Verbrauchserfassungsgeräten nicht möglich oder wirtschaftlich unzumutbar ist.* ■

Gemäß der Heizkostenverordnung müssen die Heizungs- und Warmwasserkosten verbrauchsmäßig abgerechnet werden. Um dies zu ermöglichen, muss der Vermieter die Räume mit den zur Verbrauchserfassung notwendigen Ausstattungen (Zähler) versehen. Der Mieter andererseits hat die Anbringung dieser Geräte zu dulden.

Will der Vermieter die Geräte nicht kaufen, sondern leasen oder mieten, so muss er das den Mietern vorher unter Darlegung der dadurch entstehenden laufenden Kosten mitteilen. Diese Kosten sind dann auch wieder Betriebskosten, die auf die Mieter umgelegt werden können. Leasing oder Anmietung sind unzulässig, wenn die Mehrheit der Mieter innerhalb eines Monats nach Zugang der Mitteilung widerspricht.

Kauft der Vermieter die Geräte, so kann er die Kosten hierfür mittels einer Mieterhöhung wegen Modernisierungsmaßnahmen (s. o.) auf die Mieter umlegen.

Werden die Heiz- und Warmwasserkosten den Vorschriften der Heizkostenverordnung zuwider nicht verbrauchsabhängig abgerechnet, darf der Mieter den auf ihn entfallenden Anteil um 15 % kürzen.

Wann hat der Mieter Anspruch auf Mietminderung?

Wenn ein Mieter beispielsweise im Winter im Kalten sitzen muss, weil die Heizungsanlage nicht funktioniert, oder wenn er von lang anhaltenden, lauten Baumaßnahmen auf dem Nachbargrundstück belästigt wird, so muss er dies nicht klaglos hinnehmen. In solchen Fällen räumt ihm der Gesetzgeber das Recht auf Mietminderung ein. Eine Mietminderung ist immer dann möglich, wenn die Mietsache entweder von Anfang an oder auch erst während der Mietzeit mit einem Fehler behaftet ist, der so gravierend ist, dass die Tauglichkeit der Mietsache zum vertragsgemäßen Gebrauch erheblich gemindert oder gar aufgehoben ist.

Selbstverständlich kann der Mieter nicht nach eigenem Gutdünken entscheiden, in welcher Höhe er seine Mietzahlungen kürzt. Die Minderungsquote beurteilt sich vielmehr u. a. nach folgenden Kriterien:

- Art und Umfang des Mangels,
- Dauer und Häufigkeit der aus dem Mangel resultierenden Beeinträchtigungen des Mietgebrauchs,
- Qualität der Miträume in Relation zur Miethöhe,

- Lage der Mieträume,
- Jahreszeit (z. B. bei mangelhafter Heizung oder undichten Fenstern),
- Beeinträchtigung des optischen Eindrucks der Mieträume.

Im Übrigen muss nicht der Vermieter den Mangel verschuldet haben; selbst wenn er keinerlei Einfluss auf den Mangel und dessen Behebung hat (beispielsweise bei der nachbarlichen Großbaustelle), muss er die Mietminderung hinnehmen.

Das Recht auf Mietminderung kann nach wie vor nicht zum Nachteil des Mieters ausgeschlossen oder eingeschränkt werden. Es besteht automatisch ab dem Zeitpunkt, in dem der Mangel eintritt. Tritt ein Mangel auf, so muss der Mieter dies dem Vermieter unverzüglich mitteilen, es sei denn, der Vermieter hat bereits Kenntnis von dem Mangel erhalten.

Beispiel: Anzeige von Mängeln mit Mietminderung

Sehr geehrter Vermieter,

wie ich Ihnen soeben telefonisch mitgeteilt habe, ist bei uns seit heute Morgen die Heizung ausgefallen. Wir sitzen im Kalten.

Wir hatten Sie bereits gebeten, umgehend für eine Reparatur der Heizungsanlage zu sorgen. Ungeachtet dessen mindern wir die Miete. Soweit die Miete für diesen Monat bereits bezahlt wurde, erklären wir ausdrücklich, dass die Mietzahlung unter Vorbehalt erfolgte. Im Hinblick darauf, dass einzelne Räume der Wohnung aufgrund der dort herrschenden Temperaturen gar nicht mehr benutzbar sind, werden wir die Miete bis zur Behebung des Heizungsausfalls um … % mindern.

Mit freundlichen Grüßen

gez. Mieter/in

Zahlt der Mieter trotz des von ihm erkannten Mangels die Miete vorbehaltlos in voller Höhe weiter, verliert er sein Minderungsrecht. Tut er dies über mindestens sechs Monate hinweg, so verliert er das Minderungsrecht nicht nur für die Vergangenheit, sondern auch für die Zukunft. Umgekehrt verliert ein Vermieter, der über einen längeren Zeitraum eine Mietminderung hinnimmt, seinen eventuellen Anspruch auf spätere Nachzahlung.

Was die Höhe der Mietminderung angeht, so gibt es keine bindenden Berechnungsmethoden. Von den komplizierten Berechnungsmethoden, wie sie das alte Mietrecht noch vorsah, hat das neue Mietrecht abgesehen. In der Praxis wird die Höhe der Mietminderung meist im Rahmen einer Gesamtschau beurteilt und in geschätzten Prozentsätzen festgelegt. Hier einige Beispiele:

- Lärm aus der Nachbarwohnung: 13 % (Amtsgericht Hamburg in einem Urteil aus dem Jahr 1993).
- Störende Großbaustelle auf dem Nachbargrundstück: 15 % (Amtsgericht Köln in einem Urteil aus dem Jahr 1996).
- Verunreinigung des Treppenhauses durch den Hund eines Mitmieters: 20 % (Amtsgericht Münster in einem Urteil aus dem Jahr 1995).

- *Lärm spielender Kinder berechtigt übrigens nicht zu einer Mietminderung.*

Besonderheiten bei Geschäftsraummietverhältnissen

In vielen Bereichen gelten für Geschäftsraummietverhältnisse andere Regelungen als für Wohnraummietverhältnisse. Dies ist auch bei der Miethöhe der Fall.

Wie hoch darf die Miete sein?

Grundsätzlich kann die Miethöhe bei Geschäftsräumen zwischen den Vertragspartnern völlig frei vereinbart werden. Der Vermieter kann also das verlangen, was der Markt hergibt. Die einzige Grenze ist der Mietwucher.

Doch auch dieser wird bei Geschäftsraummietverhältnissen erst bedeutend später angenommen, als das bei Wohnraummietverhältnissen der Fall ist. Während es sich bei Wohnraummietverhältnissen bereits bei einer Miete, die um 50 % höher liegt als die ortsübliche Vergleichsmiete, um Mietwucher handeln kann, führt bei Geschäftsraummietverhältnissen erst eine Überschreitung um 100 % im Vergleich zur Marktmiete zur Sittenwidrigkeit und damit zur Unwirksamkeit des Mietvertrags. Außerdem muss zur Bejahung von Mietwucher eine der folgenden Voraussetzungen von Seiten des Vermieters vorliegen:

- Ausbeutung der Zwangslage des Mieters
- Ausnutzung der Unerfahrenheit des Mieters
- Ausnutzung eines mangelnden Urteilsvermögens des Mieters
- Ausnutzung einer erheblichen Willensschwäche des Mieters

> ■ *Liegt ein sittenwidriger und damit ungültiger Vertrag vor, so wird zum Schutz des Mieters angenommen, dass der Vertrag zum angemessenen Mietpreis aufrechterhalten bleibt und fortgesetzt werden kann.* ■

Kann die Miete erhöht werden?

Bei Geschäftsraummietverhältnissen sind, sofern im Mietvertrag nicht ausdrücklich vorgesehen, keine Mieterhöhungen möglich – es sei denn, Vermieter und Mieter einigen sich darauf. Ansonsten bleibt dem Vermieter nur die Möglichkeit zu einer Änderungskündigung unter Einhaltung der gesetzlichen bzw. vertraglichen Kündigungsfristen.

Üblicherweise finden sich aber in Geschäftsraummietverträgen Staffelmietvereinbarungen, Mietanpassungsklauseln oder Vereinbarungen einer Umsatzmiete.

Steht dem Mieter ein Recht zur Mietminderung zu?

Im Gegensatz zu Wohnräumen kann bei Geschäftsraummietverhältnissen das Recht zur Mietminderung aufgrund von Mängeln an der Mietsache auch formularmäßig ausgeschlossen oder beschränkt werden. Allerdings kann sich ein Vermieter auf eine solche Vereinbarung nicht berufen, wenn er den Mangel arglistig verschwiegen hat.

Fragen rund um Modernisierung und Instandhaltung

Wer muss welche Reparaturen durchführen? Was fällt unter den Begriff „Schönheitsreparaturen"? Was hat es mit der neuen Regelung der Barrierefreiheit auf sich?

Was Sie bei der Übergabe der Mietsache beachten müssen

Grundsätzlich haftet für Mängel, die bei Vertragsabschluss vorhanden waren, der Vermieter unabhängig davon, ob er diese Mängel zu vertreten hat oder nicht. Dabei kommt es nicht darauf an, ob der Mangel bei Vertragsabschluss bereits erkennbar war. Für verborgene Mängel ist der Vermieter genauso haftbar.

Um einen späteren Streit um vorhandene, sichtbare Mängel an den vermieteten Räumlichkeiten und deren Verursacher zu vermeiden, liegt es im beiderseitigen Interesse, bei Übergabe der Mietsache, also bevor der Mieter tatsächlich eingezogen ist, ein detailliertes Übergabeprotokoll anzufertigen. In diesem Protokoll sind sämtliche vorhandenen und erkennbaren Mängel aufzulisten.

Ein Musterbeispiel für ein solches Übergabeprotokoll finden Sie im Anhang.

> ■ *Ein solches Übergabeprotokoll ist selbstverständlich auch beim Auszug des Mieters aus den Mieträumen sinnvoll. Hier sollte sich dann der Vermieter die Einbehaltung der Kosten eventuell notwendiger Reparaturen von der Kaution vorbehalten.* ■

Kommt der Vermieter seiner Verpflichtung, den Mangel zu beheben, nicht nach, kann der Mieter diesen Mangel auch selbst beseitigen, nachdem er die Beseitigung seinem Vermieter gegenüber unter Fristsetzung vergeblich angemahnt hat. Dann kann er auch Ersatz der dafür erforderlichen Aufwendungen verlangen.

Wer ist für Kleinreparaturen verantwortlich?

Nach altem wie nach neuem Recht hat der Mieter die aus einem vertragsgemäßen Gebrauch resultierende Abnutzung der Mieträume nicht zu vertreten. Es ist Sache des Vermieters, die Mieträume in einem vertragsgemäßen Zustand zu erhalten und in diesem Zusammenhang auch für Verschleißschäden aufzukommen. Ist der Vermieter der Ansicht, dass der Mieter die Mieträume übervertragsmäßig und dadurch über die Maßen abgenutzt hat, so liegt die Beweislast dafür bei ihm. Ein Übergabeprotokoll, wie Sie es oben finden, kann bei der Beweisführung durchaus hilfreich sein.

Doch gehört auch die Durchführung von Klein- und Schönheitsreparaturen zum vertragsmäßigen Gebrauch der Mieträume?

Beliebt: die „Kleinreparaturklausel"

Grundsätzlich gehen, wie bereits erwähnt, Reparaturen infolge eines vertragsgemäßen Verbrauchs bzw. altersgemäßen Verschleißes zu Lasten des Vermieters. Doch enthalten inzwischen so gut wie alle Formularmietverträge so genannte „Kleinreparaturklauseln", die den Mieter verpflichten, die Kosten von Reparaturen zu tragen.

Eine solche Klausel ist nur wirksam, wenn darin

- ein Höchstbetrag für den Einzelfall sowie

- ein Höchstbetrag für Reparaturen während eines Mietjahres festgeschrieben sind und
- ausdrücklich festgehalten wird, für welche Teile der Mietsache die Regelung gelten soll.

Allerdings können Mieter durch eine Formularklausel nicht wirksam dazu verpflichtet werden, solche Reparaturen selbst vorzunehmen oder zu veranlassen. Das geht höchstens im Rahmen einer Individualvereinbarung.

Bis zu welcher Höhe müssen Mieter die Kosten tragen?

Derzeit sollten Mieter für einzelne Reparaturen mit keiner höheren Summe als 150 DM belastet werden. Außerdem muss die Jahreshöchstbelastung in einem zumutbaren Verhältnis zur Jahresnettomiete stehen. Angemessen heißt hier etwa sechs Prozent, zehn Prozent wären bereits zu hoch.

> ■ *Setzt der Vermieter die Belastung des Mieters in der Klausel zu hoch an, so kann sie insgesamt ungültig werden. Das heißt, der Mieter muss sich an den Kosten für die Beseitigung von Kleinschäden überhaupt nicht beteiligen.* ■

Ein häufiger Streitpunkt: Schönheitsreparaturen

Die Schönheitsreparaturen sind einer der häufigsten Streitpunkte zwischen Vermieter und Mieter. Das neue Mietrecht schafft hier auch keine klareren Verhältnisse als das alte. Entgegen den in der Praxis meist üblichen vertraglichen Regelungen ist nämlich laut Gesetz – ebenso wie bei den Kleinreparaturen – der Vermieter verpflichtet, die notwendigen Schönheitsreparaturen durchzuführen. Ein Gewohnheitsrecht, wonach der Mieter Schönheitsreparaturen durchzuführen hat, gibt es nicht.

Zwar enthalten, soweit ersichtlich, alle Formularmietverträge eine Schönheitsreparaturenklausel zu Lasten des Mieters, doch sind sie längst nicht alle wirksam. Beachten Sie die folgenden Punkte:

- Die Klausel darf keine Bestimmung enthalten, die so ungewöhnlich ist, dass Mieter nicht mit ihr rechnen müssen.

- Mieter dürfen durch die Klausel nicht entgegen den Geboten von Treu und Glauben unangemessen benachteiligt werden.

- Der Formularklausel dürfen keine individuellen Vertragsabsprachen zwischen Mieter und Vermieter entgegenstehen.

Eine Schönheitsreparaturenklausel, die dem Mieter zu viel abverlangt, ist unwirksam.

Beispiel
Der Ersatz normal abgenutzter Teppichböden oder das Abschleifen und Neuversiegeln eines Parkettfußbodens gehören nicht zu den Schönheitsreparaturen, die im Formularmietvertrag wirksam auf den Mieter abgewälzt werden können.

Bei Schönheitsreparaturen müssen Sie unterscheiden zwischen

- der Anfangsrenovierung (zu Beginn des Mietverhältnisses),
- den laufenden Schönheitsreparaturen (während der Mietzeit) und
- der Endrenovierung (zum Ablauf der Mietzeit).

Beispielsweise dürfen Mieter durch Formularklauseln bei der Endrenovierung nicht ohne Rücksicht auf die Durchführung laufender Schönheitsreparaturen übermäßig belastet werden.

Ebenso wenig kann einem Wohnraummieter die Anfangsrenovierung formularmäßig auferlegt werden, wenn er gleichzeitig verpflichtet ist, während des Mietverhältnisses turnusgemäß weitere Schönheitsreparaturen auszuführen.

Zum üblichen Umfang der Schönheitsreparaturen gehören

- Tapezieren,
- Anstreichen der Wände und Decken,
- das Streichen der Fußböden einschließlich der Leisten,
- das Streichen der Heizkörper und Heizrohre sowie
- das Streichen der Innentüren, Fenster und Außentüren (von innen).

Der Außenbereich Ihrer Mietwohnung fällt ausdrücklich nicht in den Verantwortungsbereich des Mieters.

Wenn der Vermieter mit den Reparaturleistungen nicht zufrieden ist

Hat ein Mieter die Renovierungsarbeiten gar nicht oder nur mangelhaft ausgeführt bzw. ausführen lassen, so kann der Vermieter nicht ohne weiteres auf Kosten des Mieters etwa eine Malerfirma mit der Durchführung der erforderlichen Arbeiten beauftragen.

Er muss den Mieter vielmehr zunächst unter Hinweis auf seine Renovierungsverpflichtung und unter Darlegung der Arbeiten im Einzelnen auffordern, seine Leistungen innerhalb einer bestimmten, angemessenen Zeit zu erbringen.

Gleichzeitig muss er ankündigen, dass er weitere Leistungen ablehnen werde, wenn die Arbeiten innerhalb der gesetzten Frist noch immer nicht ausgeführt sind. Und er muss klarstellen, dass er in diesem Fall die Aufwendungen für die Durchführung der Reparaturen dem Mieter gegenüber als Schadensersatz geltend machen werde.

Wie häufig muss der Mieter Schönheitsreparaturen durchführen?

Folgende Fristen sind üblich und von der Rechtsprechung gebilligt:

- Küchen, Bäder, Dusche: alle drei Jahre
- Wohn- und Schlafräume, Flure, Dielen, Toilette: alle fünf Jahre
- sonstige Nebenräume innerhalb der Wohnung: alle sieben Jahre

Eine wesentliche Abkürzung dieser Fristen ist nicht zulässig.

Die Fristen dürfen erst mit dem Anfang des Mietverhältnisses zu laufen beginnen. Eventuell bereits aufgelaufene Fristen Ihres Vormieters dürfen dem Mieter nicht angerechnet werden.

Endet das Mietverhältnis vor Ablauf der Frist laut vertraglichem Fristenplan, so muss sich der Mieter bei einer entsprechenden vertraglichen Vereinbarung an den erforderlichen Renovierungskosten im Verhältnis zur verstrichenen Zeit beteiligen. Betroffen sind hier nur solche Schönheitsreparaturen, die noch nicht (wieder) fällig sind.

> ■ *Ein vom Vermieter eingeholter Kostenvoranschlag ist hierbei nicht verbindlich. Der Mieter kann jederzeit einen dann verbindlichen günstigeren Kostenvoranschlag eines Fachbetriebs vorlegen oder die Reparaturen selbst ausführen.* ■

Muss der Mieter einen Fachmann beauftragen?

Schönheitsreparaturen müssen fachgerecht bzw. fachmännisch ausgeführt werden. Das bedeutet aber noch lange nicht, dass der Mieter einen Fachmann oder eine Fachfirma mit deren Ausführung beauftragen muss. Hauptsache, die Qualität stimmt, wobei ein ordentlicher Durchschnitt völlig ausreichend ist.

> ■ *Formularklauseln, die den Mieter zur Beauftragung eines Fachhandwerkers oder einer Fachfirma verpflichten, sind unwirksam.* ■

Welche Tapete darf es sein?

Solange Mieter in der Wohnung wohnen, steht es ihnen selbstverständlich frei, diese nach ihrem eigenen Geschmack zu tapezieren, ob nun tiefschwarz oder schweinchenrosa.

Anders sieht die Sache bei der Endrenovierung aus. Hier kann der Vermieter verlangen, dass der Mieter ungewöhnliche Tapeten entfernt und durch neutrale ersetzt. Ebenso kann er verlangen, dass bunt gestrichene Raufasertapeten in neutraler Farbe neu gestrichen werden.

Müssen Sie Modernisierungsmaßnahmen dulden?

Mieter müssen Modernisierungsmaßnahmen an ihren Mieträumen grundsätzlich dulden, und zwar unabhängig davon, ob sie nach Abschluss der Arbeiten mehr Miete zahlen müssen oder nicht. Unter den Begriff der Modernisierung fallen Maßnahmen, die

- der Verbesserung der gemieteten Räume oder sonstiger Teile des Gebäudes dienen;

- der Einsparung von Energie dienen. Während das alte Mietrecht hier nur die Einsparung von Heizenergie und Wasser ins Auge fasste, fallen nach dem neuen Mietrecht hierunter auch Maßnahmen zur Einsparung von Strom;

- der Schaffung neuen Wohnraums dienen.

Von dieser Duldungspflicht ist ein Mieter nur dann ausgenommen, wenn die Maßnahme für ihn oder einen weiteren Angehörigen seines Haushalts (d. h. im Gegensatz zum alten Mietrecht z. B. auch für seinen Lebenspartner oder dessen Kinder) eine nicht zu rechtfertigende Härte bedeutete, und zwar im Hinblick auf

- die baulichen Folgen,
- vom Mieter getätigte Aufwendungen oder
- eine zu erwartende Mieterhöhung.

Mieter müssen Modernisierungsmaßnahmen – sofern sie mit einer erheblichen Einwirkung auf ihre Mieträume verbunden sind – allerdings nur dann dulden, wenn der Vermieter sie spätestens drei Monate vor Beginn der Arbeiten darüber informiert hat.

Nach Erhalt der Mitteilung kann der Mieter bis zum Ablauf des Monats, der auf den Zugang der Mitteilung folgt, von seinem Sonderkündigungsrecht Gebrauch machen (s. u.) und das Mietverhältnis für den Ablauf des nächsten Monats kündigen. Auf den Zeitablauf der Arbeiten hat diese Kündigung allerdings nach neuem Mietrecht keinen Einfluss mehr.

> ■ *Diese Regelungen gelten zunächst nur für Wohnraummietverhältnisse, sind aber für Geschäftsraummietverhältnisse entsprechend anzuwenden. Allerdings können hier vertraglich andere Regelungen getroffen werden.* ■

Wenn der Mieter die Miete mindern will

Wie bereits erwähnt, hat grundsätzlich der Vermieter die Pflicht, die Mieträume in einem vertragsgemäßen Zustand zu erhalten. Dazu zählt selbstverständlich auch, dass Bad und Dusche funktionieren, die Fenster dicht schließen und die Heizung ordentlich funktioniert.

Der Mieter kann den Vermieter anmahnen, Mängel an den Mieträumen innerhalb einer angemessenen Frist zu beseitigen. Kommt der Vermieter dieser Pflicht nicht nach und ist die umgehende Beseitigung des Mangels zur Erhaltung und Wiederherstellung der Mieträume notwendig, so kann der Mieter diesen Mangel selbst beseitigen bzw. beseitigen lassen und vom Vermieter Ersatz für die dazu erforderlichen Aufwendungen verlangen.

Setzt ein Mieter seinen Vermieter von einem Mangel an seinen Mieträumen, der den Gebrauch der Mietsache nicht unerheblich beeinträchtigt, in Kenntnis und beseitigt dieser den Mangel nicht unverzüglich, so kann er, wie bereits oben geschildert, die Höhe seiner Mietzahlungen in angemessener Weise reduzieren.

Beispiel
Funktioniert eine Dusche nicht, muss der Vermieter mit einer Mietminderung in Höhe von 15 % rechnen. Bei einer feuchten Wohnung kann die Miete je nach Grad der Beeinträchtigung um 10–100 % und bei einer nicht benutzbaren Küche und/oder Toilette um 50 % gemindert werden.

Darf der Vermieter die Wohnung des Mieters betreten?

Um abschätzen zu können, ob und welche Reparaturarbeiten in der Wohnung des Mieters durchgeführt werden müssen, muss dieser dem Vermieter selbstverständlich auch das Betreten seiner Wohnung gestatten, selbst wenn ein derartiges Recht im Mietvertrag nicht vereinbart ist. Ohne konkreten Anlass steht dem Vermieter dieses Recht allerdings nur in Abständen von ca. ein bis zwei Jahren zu.

Auf jeden Fall muss der Vermieter seinen Besuch rechtzeitig vorher ankündigen. Ist der Mieter berufstätig oder häufig unterwegs, kann er vom Vermieter eine Ankündigung mehrere Tage vor dem Besuchszeitpunkt erwarten. Ist er hingegen so gut wie immer zu Hause, so reichen 24 Stunden vorher durchaus aus.

Auch muss sich der Vermieter an bestimmte Besuchszeiten halten. Üblich sind die folgenden Zeiten:

- an Werktage zwischen 10.00 und 13.00 Uhr und zwischen 15.00 und 18.00 Uhr
- an Sonn- und Feiertagen zwischen 11.00 und 13.00 Uhr

Neue Rechte für Behinderte: die Barrierefreiheit

Grundsätzlich liegt es natürlich im Ermessen des Vermieters, ob und wann er bauliche Veränderungen an den von ihm vermieteten Räumen durchführen lässt.

Neue Rechte für Behinderte: die Barrierefreiheit

Allerdings hat das neue Mietrecht den Begriff der „Barrierefreiheit" eingeführt. Ab dem 1. September 2001 hat ein in erster Linie körperbehinderter Mieter (oder auch ein körperbehinderter Mitbewohner) einen grundsätzlichen Anspruch darauf, dass der Vermieter einer baulichen Veränderung in der Wohnung, die dem Mieter oder dessen Mitbewohner eine behindertengerechte Nutzung ermöglicht, zustimmt. Voraussetzung ist, dass der Betroffene ein berechtigtes Interesse daran hat.

> ■ *„Behindert" heißt in diesem Zusammenhang, dass der Mieter erheblich und dauerhaft in seiner Bewegungsfreiheit eingeschränkt ist, und zwar unabhängig davon, ob diese Einschränkung bereits bei Mietbeginn vorhanden war oder erst im Laufe des Mietverhältnisses eingetreten ist.* ■

Die Zustimmung zur baulichen Veränderung kann der Vermieter dem Mieter dann verweigern, wenn das Interesse des Vermieters an der unveränderten Erhaltung der Mietsache oder des Gebäudes gegenüber dem Interesse des Mieters überwiegt. Dabei müssen auch die Interessen anderer Mieter in dem Gebäude berücksichtigt werden. Als Abwägungskriterien kommen hier insbesondere in Frage:

- Art, Dauer und Schwere der Behinderung,
- Erforderlichkeit und Umfang der Maßnahme,
- Dauer der Bauzeit,
- Möglichkeit des Rückbaus,
- bauordnungsrechtliche Genehmigungsfähigkeit,

- Beeinträchtigung der Mieter während der Umbauzeit,
- Einschränkungen durch die Maßnahme selbst sowie mögliche Haftungsrisiken von Seiten des Vermieters bzw. aufgrund der ihm obliegenden Verkehrssicherungspflicht.

Der Vermieter kann seine Zustimmung zu einer Umbaumaßnahme auch von der Leistung einer angemessenen zusätzlichen Kaution als Sicherheit für die Wiederherstellung des ursprünglichen Zustandes abhängig machen, die der Mieter vor Beginn der Umbaumaßnahmen in voller Höhe erbringen muss.

Bezüglich der Höhe dieser zusätzlichen Sicherheit wird der Mieter einen Kostenvoranschlag oder die Berechnung eines Bausachverständigen zur Höhe der zu erwartenden Rückbaukosten einholen müssen.

Ansonsten gelten für diese zusätzliche Kaution dieselben Vorschriften wie für die „normale" (s. u.).

Was Sie bei einer Kündigung wissen sollten

Welche Regelungen für die Kündigung sieht das neue Recht vor? In diesem Kapitel finden Sie alles Wichtige über Formvorschriften, Kündigungsgründe und Kündigungsfristen.

In welcher Form muss die Kündigung erfolgen?

Ist eine bestimmte Mietzeit nicht vereinbart, kann jede Vertragspartei das Mietverhältnis nach den gesetzlichen Vorschriften kündigen. Bei Wohnraummietverhältnissen muss diese Kündigung schriftlich erfolgen, unabhängig davon, ob es sich um eine ordentliche Kündigung oder um eine außerordentliche fristlose Kündigung handelt.

Wenn der Vermieter seinem Mieter die angemieteten Wohnräume kündigt, muss er ihn darauf hinweisen, dass und in welcher Form und Frist er dieser Kündigung widersprechen kann (Sozialklausel, s. u.).

Im Kündigungsschreiben muss der Vermieter die Gründe für sein berechtigtes Interesse an der Kündigung explizit angeben.

Will dagegen ein Mieter den Mietvertrag ordentlich kündigen, muss er keine Gründe angeben.

Welche Fristen müssen Sie einhalten?

Wie bisher ist die Kündigung von Wohnraummietverhältnissen spätestens am dritten Werktag eines Kalendermonats zum Ablauf des übernächsten Kalendermonats möglich.

Abgeschafft wurde jedoch die Verlängerung der Kündigungsfrist je nach Dauer des Mietverhältnisses bis zu einem Jahr – jedenfalls wenn die Kündigung vom Mieter ausgeht.

Nach dem neuen Mietrecht verlängert sich die Kündigungsfrist nur noch für den Vermieter nach fünf und acht Jahren seit Überlassung des Wohnraums um jeweils drei Monate. Für den Mieter bleibt es unabhängig von der Dauer des Mietverhältnisses bei einer Kündigungsfrist von drei Monaten.

■ *Die Neuregelung gilt nicht für Kündigungen, die vor dem 1. September 2001 zugehen. Für sie sind weiterhin die alten Kündigungsfristen maßgebend.* ■

Bei Wohnraum, der nur zu vorübergehendem Gebrauch vermietet worden ist, kann eine kürzere Kündigungsfrist vereinbart werden.

Muss der Vermieter einen vorgeschlagenen Nachmieter akzeptieren?

Es kommt häufig vor, dass Mieter kurzfristig ausziehen müssen oder wollen und dabei doppelte Mietzahlungen, nämlich für die alte und die neue Mietwohnung, vermeiden möchten. Muss in solchen Fällen ein Vermieter einen vom Mieter vorgeschlagenen Nachmieter akzeptieren oder nicht?

Grundsätzlich entbindet eine persönliche Verhinderung eines Mieters, die Mietsache zu nutzen, diesen nicht von seiner Verpflichtung, Miete zu zahlen. Ein Vermieter ist nur dann verpflichtet, den Mieter, der ihm einen geeigneten Nachmieter stellt, vorzeitig aus dem Mietvertrag zu entlassen, wenn das berechtigte Interesse des Mieters an der Aufhebung desjenige des Vermieters am Bestand des Vertrags ganz erheblich übersteigt.

Diese Voraussetzungen werden bisher in der Rechtsprechung aber nur in solchen Fällen als gegeben angesehen, in denen der Mieter unverschuldet in eine Situation kommt, in der er die bisherige Wohnung aufgeben muss, beispielsweise wegen Krankheit oder wegen Versetzung in seinem Beruf.

Grundsätzlich gilt aber: Mieter, die durch Vertrag oder Gesetz das Mietverhältnis mit dreimonatiger Kündigungsfrist kündigen können, haben keinen Anspruch darauf, einen Nachmieter zu stellen.

Muss die Kündigung begründet werden?

Wie bereits oben erwähnt, muss ausschließlich der Vermieter eine ordentliche, d.h. fristgerechte, Kündigung begründen und ein berechtigtes Interesse an der Beendigung des Mietverhältnisses geltend machen. Ausnahmen von diesem Grundsatz gibt es nur im Rahmen von Sonderkündigungsrechten (s. u.).

Ein berechtigtes Interesse von Seiten des Vermieters an der Beendigung des Mietverhältnisses liegt insbesondere dann vor, wenn

- der Mieter seine vertraglichen Pflichten schuldhaft nicht unerheblich verletzt hat,
- der Vermieter die Räume als Wohnung für sich, seine Familienangehörigen oder Angehörige seines Haushalts benötigt (Eigenbedarf) oder

- der Vermieter durch die Fortsetzung des Mietverhältnisses an einer angemessenen wirtschaftlichen Verwertung des Grundstücks gehindert würde und dadurch erhebliche Nachteile erlitte (Verwertungskündigung; Achtung: In den neuen Bundesländern und in Ostberlin ist diese Art der Kündigung unzulässig).

> *Eine Kündigung zum Zwecke der Mieterhöhung stellt nach wie vor kein berechtigtes Interesse dar. Ebenso wenig die Möglichkeit, durch eine anderweitige Vermietung als zu Wohnzwecken eine höhere Miete zu erzielen.*

Wenn der Mieter seine Pflichten erheblich verletzt hat

In jedem Fall muss, damit eine solche Kündigung gerechtfertigt ist, der Mieter seine Pflichten aus dem Mietvertrag so sehr verletzt haben, dass von einer erheblichen Störung des dem Vertrag zugrunde liegenden Vertrauensverhältnisses auszugehen ist. In Betracht kommen hier etwa

- Zahlungsrückstände,
- ständig unpünktliche Mietzahlungen,
- vertragswidriger Gebrauch der Mietsache (z. B. Hundehaltung, obwohl dies laut Mietvertrag untersagt ist),
- unbefugte Gebrauchsüberlassung (z. B. Untervermietung der Miethöhe, ohne dass die Genehmigung des Vermieters eingeholt wurde),
- Vernachlässigung der Mietsache,

- Beleidigung und Belästigungen des Vermieters oder der Mitbewohner.

Will ein Vermieter seinem Mieter aus diesem Grunde kündigen, so muss er ihn zunächst einmal abmahnen. Hier ein Beispiel, wie solch eine Abmahnung aussehen kann:

Abmahnung des Mieters wegen Vertragsverletzung

Sehr geehrte Frau/Herr ...,

mir liegen mehrere Beschwerden von Hausbewohnern vor, wonach am Abend des 4. diesen Monats ab 23.00 Uhr bis zum nächsten Morgen 2.00 Uhr und erneut gestern in der Zeit zwischen 23.30 Uhr und heute morgen 4.00 Uhr erheblicher Lärm in der von Ihnen gemieteten Wohnung verursacht wurde. Die Stereoanlage war offenbar voll aufgedreht. Mehrere Personen sollen nach den mir vorliegenden Schilderungen über längere Zeit hinweg lauthals gesungen und gegrölt haben.

Darüber hinaus habe ich erfahren, dass eine weitere Person in der Wohnung wohnt, die Sie als „Besuch" bezeichnen. Nach über neun Wochen kann jedoch von „Besuch" keine Rede mehr sein. Ich muss daher davon ausgehen, dass Sie einen Teil der Wohnung unberechtigterweise einem Dritten überlassen haben.

Ich habe Sie aufzufordern, diese unbefugte Gebrauchsüberlassung sofort zu beenden und darüber hinaus keinen Anlass mehr zu Beschwerden wegen Lärmbelästigung zu geben.

Ich gehe davon aus, dass Sie aufgrund dieser Abmahnung nach § 543 Abs. 3 BGB die Pflichten nach dem Mietvertrag zukünftig erfüllen und Ihr vertragswidriges Verhalten unterlassen.

Sollte dies nicht der Fall sein, werde ich das Mietverhältnis ggf. fristlos kündigen.

Mit freundlichen Grüßen

gez. Vermieter/in

Zweck der Abmahnung ist, dem Mieter vor dem Ausspruch der Kündigung die Verletzung seiner mietvertraglichen Pflichten vor Augen zu führen und ihn zur Beendigung dieses Verhaltens anzuhalten. Dazu muss der Vermieter das beanstandete Verhalten konkret benennen:

- Wann,
- wo und
- wie hat sich der Mieter vertragswidrig verhalten?

Gleichzeitig muss er klarstellen, dass bei Fortsetzung dieses Verhaltens die Kündigung ausgesprochen wird.

> *Entbehrlich ist eine solche Abmahnung nur in Fällen, in denen dem Vermieter eine Fortsetzung des Mietverhältnisses unter keinen Umständen mehr zuzumuten ist, beispielsweise bei tätlichen Angriffen von Seiten des Mieters.*

Wenn der Vermieter Eigenbedarf anmeldet

Eine solche Kündigung setzt voraus, dass der Vermieter die Mieträume zu Wohnzwecken

- für sich selbst,
- für seine Familienangehörigen (Eltern, Kinder, Geschwister usw., nicht jedoch ein Schwager) oder
- für Angehörige seines Haushalts (z. B. auch Hausgehilfinnen, Pflegepersonal)

benötigt.

Die geltend gemachten Eigenbedarfsgründe müssen klar und nachvollziehbar aus dem Kündigungsschreiben hervorgehen.

> ■ *Bei der Eigenbedarfskündigung kommt es nicht darauf an, wie der Vermieter oder die Personen, für die der Wohnraum beansprucht wird, zur Zeit der Kündigung untergebracht sind.* ■

Als Fälle des begründeten Eigenbedarfs gelten beispielsweise

- die bevorstehende Trennung von Eheleuten,
- ein Wohnungswechsel aus beruflichen Gründen,
- der Umzug aus Mieträumen in neu erworbenes Eigentum,
- Heirat und damit verbundene persönliche Veränderungen,
- die Gründung einer nichtehelichen, aber auf Dauer ausgerichteten Lebensgemeinschaft,
- Familienzuwachs,
- die Aufnahme von Pflegepersonal,
- die Nähe zum Arbeitsplatz,
- Gründung eines eigenen Hausstands,
- Senkung der Lebenshaltungskosten,
- gesundheitliche Gründe,
- Veränderungen der wirtschaftlichen Verhältnisse usw.

Hat der Vermieter die Begründung seines Eigenbedarfs im Kündigungsschreiben nicht ausführlich genug vorgenommen, ist die Kündigung deshalb noch nicht unwirksam. Er kann die geltend gemachten Gründe auch später noch – im Prozess – näher ausführen und ergänzen.

Beispiel: Kündigung des Vermieters wegen Eigenbedarfs

Sehr geehrter Mieter,

den mit Ihnen bestehenden Mietvertrag vom …(Datum) über die Wohnung in … (Anschrift) kündige ich hiermit wegen Eigenbedarfs.

Die Kündigungsfrist nach § 573c Abs. 2 BGB beträgt … Monate, so dass der Vertrag dementsprechend am … endet.

Meinen Kündigungsgrund möchte ich Ihnen entsprechend § 573 BGB wie folgt näher darlegen:

―――――――――――――――――――――――――――――――

Gerne bin ich bereit, Ihnen hinsichtlich einer Räumungsfrist entgegenzukommen.

Ich weise Sie auf Ihr gesetzliches Widerspruchsrecht hin. Nach §§ 574 ff. BGB sind Sie als Mieter berechtigt, dieser Kündigung zu widersprechen und die Fortsetzung des Mietvertrags zu verlangen, wenn die vertragsmäßige Änderung für Sie oder Ihre Familie eine Härte bedeutete, die auch unter Würdigung meiner Interessen als Vermieter nicht zu rechtfertigen ist. Ihr Widerspruch muss mir bis spätestens zwei Monate vor Ende der Mietzeit schriftlich vorliegen und die Widerspruchsgründe darlegen.

Einer Fortsetzung des Mietverhältnisses über den Beendigungszeitpunkt hinaus wird bereits heute widersprochen (§ 545 BGB).

Mit freundlichen Grüßen

gez. Vermieter/in

Wann ist eine Verwertungskündigung möglich?

Zunächst einmal kommt eine Verwertungskündigung nach wie vor nur in den alten Bundesländern in Frage.

Der Vermieter muss in seinem Kündigungsschreiben detailliert angeben,

- dass die Absicht besteht, die Wohnung bzw. das Haus in anderer Weise als durch Vermietung zu verwerten, und was der Anlass für diese Absicht ist,
- dass die beabsichtigte Verwertung unter Berücksichtigung der Gesamtumstände angemessen ist,
- dass das derzeit bestehende Mietverhältnis die geplante Verwertung verhindert und
- welche erheblichen Nachteile für den Vermieter bei Fortbestehen des Mietverhältnisses entstünden.

Als vernünftige Gründe kommen in Betracht:

- Der Verkaufserlös soll zur Schaffung neuen Wohnraums verwendet werden.
- Der Verkaufserlös wird zur Ablösung von Belastungen bzw. zur Tilgung von Verbindlichkeiten benötigt.
- Der Verkauf erfolgt zum Zwecke der Auflösung und Abwicklung einer Gemeinschaft am Grundstück (z. B. bei Scheidung oder nach einem Erbfall).

> ■ *Das Argument, der Verkauf der Wohnung bzw. des Hauses sei in unvermietetem Zustand leichter und zu einem höheren Preis möglich, reicht für eine Verwertungskündigung nicht aus.* ■

Ein erheblicher Nachteil für den Vermieter bei Fortbestehen des Mietverhältnisses kann beispielsweise vorliegen, wenn die Mieteinnahmen trotz Ausschöpfung möglicher Mieterhöhungen keine Rendite mehr bringen. Das ist der Fall, wenn die monatlichen Aufwendungen des Vermieters über den Mieteinnahmen liegen.

Wann ist eine fristlose Kündigung möglich?

Eine fristlose Kündigung ist möglich, wenn dem Kündigenden

- unter Berücksichtigung aller Umstände des Einzelfalls und
- unter Abwägung der beiderseitigen Interessen

die Fortsetzung des Mietverhältnisses bis zum Ablauf der Kündigungsfrist oder bis zur sonstigen Beendigung des Mietverhältnisses nicht zugemutet werden kann.

Dies ist aus der Sicht des Vermieters zum Beispiel der Fall, wenn der Mieter die Mietsache durch Vernachlässigung der ihm obliegenden Sorgfalt erheblich gefährdet oder in bestimmtem Umfang in Zahlungsverzug gerät.

Aus der Sicht des Mieters kommt als wichtiger Grund beispielsweise in Frage, dass der Vermieter ihm den vertragsgemäßen Gebrauch der Mietsache ganz oder teilweise erst gar nicht gewährt (ihm zum Beispiel die Wohnungsschlüssel nicht aushändigt oder ihm das Wasser sperrt) oder ihm wieder entzieht.

> ■ *Auf die Nichtgewährung des vertragsmäßigen Gebrauchs der Mietsache kann sich der Mieter allerdings nicht berufen, wenn er die Umstände dafür bei Vertragsabschluss kannte.* ■

Auch für das Wirksamwerden einer fristlose Kündigung ist eine vorherige Abmahnung oder eine angemessene Fristsetzung zur Abhilfe erforderlich, es sei denn,

- eine Frist oder Abmahnung verspricht offensichtlich keinen Erfolg,
- die sofortige Kündigung ist aus besonderen Gründen unter Abwägung der beiderseitigen Interessen gerechtfertigt oder
- der Mieter ist erheblich in Zahlungsverzug (das ist zum Beispiel der Fall, wenn er mehr als zwei Monatsmieten schuldet).

Zusätzliche Regelungen für Wohnraummietverhältnisse

Speziell für Wohnraummieter liegt ein weiterer wichtiger Grund für eine fristlose Kündigung dann vor, wenn durch den Zustand der Wohnung seine Gesundheit gefährdet ist, beispielsweise durch gifthaltige Baumaterialien.

Auch wenn eine der Vertragsparteien den Hausfrieden schuldhaft nachhaltig massiv stört, hat der andere Vertragspartner das Recht zur fristlosen Kündigung.

Wann ist Zahlungsverzug ein Grund für eine fristlose Kündigung?

Zahlt ein Mieter in zwei aufeinander folgenden Monaten nur einen Teil der Miete, aber immerhin so viel, dass er mit einem Betrag in Rückstand ist, der weniger als eine Monatsmiete ausmacht, so reicht dies noch nicht für eine fristlose Kündigung aus. Dasselbe gilt für unregelmäßige Zahlungen. Hier muss ein Betrag von mindestens zwei Monatsmieten aufgelaufen sein.

Die Schonfrist, in der der Mieter nach Rechtshängigkeit einer Räumungsklage die geschuldete Mietzahlung nachholen kann, hat sich mit dem neuen Mietrecht von einem auf zwei Monate verlängert. Wenn der Mieter also die geschuldete Miete spätestens bis zum Ablauf von zwei Monaten nach Zustellung der Klage an ihn zahlt, wird die ausgesprochene Kündigung unwirksam.

> ■ *Dies gilt allerdings nicht, wenn ein solcher Fall vor nicht mehr als zwei Jahren schon einmal eingetreten ist..* ■

Macht der Mieter von seinem Recht auf Mietminderung Gebrauch (s. o.) und stellt sich im Nachhinein heraus, dass er dieses Recht gar nicht besaß oder jedenfalls nicht in Höhe des Einbehalts, so gerät er zwar in Mietrückstand. Doch berechtigt dieser Mietrückstand den Vermieter nicht zu einer fristlosen Kündigung – es sei denn, der Mieter hat die Minderungsquote böswillig oder leichtfertig falsch eingeschätzt.

Wann gilt die „Sozialklausel"?

Im Rahmen der „Sozialklausel" werden Mieter in gewisser Weise vor Kündigungen geschützt, die für sie eine besondere Härte darstellen. Sie gilt sowohl für ordentliche als auch für außerordentliche Kündigungen mit gesetzlicher Frist (Sonderkündigungsrechte, s. u.).

Im neuen Mietrecht wurde der Kreis der Personen, für die dieser Schutz gilt, ausgedehnt: Nun fallen alle Angehörigen des Haushalts des Mieters unter diese Klausel und nicht nur Familienangehörige.

Wann und wie kommt die Sozialklausel zum Tragen?

Zunächst einmal muss der Mieter gegen die ihm von seinem Vermieter ausgesprochene Kündigung Widerspruch einlegen und die Fortsetzung des Mietverhältnisses mit der Begründung verlangen, dass die vertragsgemäße Beendigung für ihn, seine Familie oder einen anderen Angehörigen seines Haushalts eine Härte bedeutete, die auch unter Berücksichtigung der berechtigten Interessen des Vermieters nicht zu rechtfertigen ist.

Härtegründe liegen immer dann vor, wenn angemessener Ersatzwohnraum zu zumutbaren Bedingungen nicht beschafft werden kann.

Als weitere Härtefälle kommen in Betracht:

- die Lage zum ständigen Arbeitsplatz, zur Schule und zur Wohnung anderer Personen (Familienangehörige, Pflegekräfte u. Ä.), sofern durch besondere Umstände von Bedeutung;

- ein notwendig werdender Schulwechsel von Kindern zu einem ungünstigen Zeitpunkt (z. B. kurz vor Schulabschluss);
- viele Kinder und/oder eine fortgeschrittene Schwangerschaft;
- hohes Alter, Krankheit, Schwerbehinderteneigenschaft;
- Verwurzelung alter Menschen im Haus und in der Wohngegend;
- Altenheim als letzte Unterbringungsmöglichkeit;
- mit Einverständnis des Vermieters erbrachte erhebliche Aufwendungen für eine unrenovierte Wohnung, soweit diese nicht bereits als abgewohnt anzusehen ist.

Dieses Widerspruchsrecht besteht allerdings nicht

- bei Wohnungen, die nur zum vorübergehenden Gebrauch überlassen sind,
- bei überwiegend vom Vermieter möbliertem Wohnraum, der zu einer von ihm selbst bewohnten Wohnung gehört und nicht an eine Familie überlassen wurde,
- bei Wohnraum, den ein Träger der Wohlfahrtspflege angemietet hat, um ihn Personen mit dringendem Wohnbedarf zu überlassen, wenn der Mieter bei Vertragsabschluss auf die Zweckbestimmung des Wohnraums und die Nichtanwendbarkeit der Sozialklausel hingewiesen wurde,
- bei Eigenkündigung des Mieters und
- bei außerordentlichen fristlosen Kündigungen des Vermieters.

In welcher Form und mit welcher Frist muss der Widerspruch erfolgen?

Der Widerspruch muss auf jeden Fall schriftlich erfolgen und eigenhändig unterzeichnet werden.

Zunächst einmal muss er nicht begründet werden. Allerdings soll der Mieter auf Verlangen des Vermieters unverzüglich über die Gründe seines Widerspruchs Auskunft erteilen.

Der Mieter muss den Widerspruch spätestens zwei Monate vor Beendigung des Mietverhältnisses erklären. Ansonsten kann der Vermieter eine Fortsetzung des Mietverhältnisses ablehnen.

Wurde das Mietverhältnis aufgrund des Widerspruchs des Mieters zeitlich befristet fortgesetzt, kann der Mieter eine weitere Fortsetzung nur dann verlangen,

- wenn dies durch eine wesentliche Änderung der Umstände gerechtfertigt ist oder
- wenn Umstände nicht eingetreten sind, deren vorhergesehener Eintritt für die Zeitdauer der Fortsetzung bestimmend gewesen war.

Beispiel
Wurde das Mietverhältnis um zwei Monate verlängert, weil bis dahin eine geeignete Ersatzwohnung bezugsfertig sein sollte, und verzögert sich deren Bezugsfertigkeit, so kann der Mieter eine Fortsetzung des Mietverhältnisses verlangen, bis er seine neue Wohnung beziehen kann.

Wurde das Mietverhältnis durch Urteil auf unbestimmte Zeit verlängert, kann der Mieter einer nochmaligen Kündigung seines Vermieters erneut widersprechen und verlangen, dass das Mietverhältnis auf unbestimmte Zeit fortgesetzt wird, ggf. mehrmals hintereinander.

Im Folgenden ein Beispiel, wie ein solches Widerspruchsschreiben aussehen kann:

Beispiel: Widerspruch (Sozialklausel)

Sehr geehrter Vermieter,

Ihr Kündigungsschreiben vom ... habe ich erhalten. Sie machen Eigenbedarf an der von mir bewohnten Wohnung für Ihre Tochter geltend.

Hiermit widerspreche ich Ihrer Kündigung und verlange die Fortsetzung des Mietverhältnisses. Zur Begründung weise ich auf Folgendes hin:

Ich bin 80 Jahre alt und wohne seit 50 Jahren in dieser Wohnung. Ich bin gehbehindert und daher auch auf eine Erdgeschosswohnung angewiesen, da ich sonst das Haus ohne fremde Hilfe nicht mehr verlassen könnte.

Es ist für mich so gut wie ausgeschlossen, eine zumutbare und für mich bezahlbare Ersatzwohnung zu finden, ganz abgesehen davon, dass man in meinem Alter nicht mehr gerne in eine fremde Umgebung zieht.

Die Beendigung des Mietverhältnisses würde für mich eine unzumutbare Härte darstellen. Ich verlange daher die Fortsetzung des Mietverhältnisses auf unbestimmte Zeit.

oder:

Wir beabsichtigen zu bauen. Den Bauantrag haben wir bereits eingereicht. Mit der Baugenehmigung wird in Kürze gerechnet. Nach der Planung unseres Architekten können wir das Haus voraussichtlich im ... (Monat, Jahr) beziehen.

Unabhängig davon, dass wir nicht davon ausgehen können, dass wir als Familie mit drei Kindern überhaupt in absehbarer Zeit eine Ersatzwohnung finden, wären uns ein Umzug und die damit verbundenen finanziellen Aufwendungen vor der zu erwartenden Fertigstellung unseres Hauses nicht zuzumuten. Je nach Lage der Ersatzwohnung müssten unsere Kinder innerhalb kurzer Zeit zweimal einen Schulwechsel vornehmen.

Die Beendigung des Mietverhältnisses gemäß der Kündigung würde für uns eine unzumutbare Härte darstellen. Wir verlangen daher die Fortsetzung des Mietverhältnisses bis wenigstens zum Ablauf des … (Monat, Jahr).

Mit freundlichen Grüßen

gez. Mieter/in

Was sind Sonderkündigungsrechte?

Unter bestimmten Voraussetzungen haben Mieter oder Vermieter die Möglichkeit,

- befristete Mietverträge vorzeitig zu beenden oder
- die gesetzlichen oder vertraglich vereinbarten Kündigungsfristen zu verkürzen.

Zu diesen so genannten Sonderkündigungsrechten zählen

- die Zweifamilienhaus-Kündigung,
- das Sonderkündigungsrecht bei Mieterhöhung,
- bei verweigerter Untervermietung,
- in der Zwangsversteigerung,
- bei Vertrag über mehr als 30 Jahre,
- beim Nießbrauch,
- Nacherbschaft,
- Erbbaurecht,

- bei Versetzung und
- bei Tod des Mieters.

Im Folgenden möchten wir Ihnen die wichtigsten Sonderkündigungsrechte kurz vorstellen.

Die Zweifamilienhaus-Kündigung

Dies ist ein sehr wichtiges Sonderkündigungsrecht für Vermieter. Es gilt für Einliegerwohnungen bzw. für Wohnungen in einem Zweifamilienhaus, in dem auch der Vermieter selbst wohnt.

Sind diese Voraussetzungen gegeben, so kann der Vermieter den Mietvertrag auch ohne berechtigtes Interesse kündigen. Der übliche Kündigungsschutz für den Mieter besteht dann nicht. Allerdings verlängert sich, wenn kein berechtigtes Interesse vorliegt, die Kündigungsfrist für den Vermieter um drei Monate.

Beispiel
Hat der Mieter bereits sechs Jahre lang die Einliegerwohnung gemietet und kündigt der Vermieter dann den Vertrag ohne Angabe eines berechtigten Interesses, so beträgt die Kündigungsfrist 6 Monate + 3 Monate, also insgesamt 9 Monate.

> ■ *Dieses Sonderkündigungsrecht gilt auch für Wohnraum, der innerhalb einer vom Vermieter selbst bewohnten Wohnung liegt, also z. B. für Zimmer, die an Studenten vermietet werden.* ■

Dieses Sonderkündigungsrecht des Vermieters gilt übrigens auch dann, wenn der Vermieter erst später, also nach Abschluss des Mietvertrags, in das betreffende Haus eingezogen ist.

Bei der Kündigung muss der Vermieter angeben, dass er sich auf dieses Sonderkündigungsrecht beruft.

Das Sonderkündigungsrecht bei Mieterhöhung

Dieses Sonderkündigungsrecht betrifft den Mieter (Wohnraum), und zwar in Fällen

- der Mieterhöhung auf die ortsübliche Vergleichsmiete und
- der Mieterhöhung nach durchgeführter Modernisierung.

Will der Mieter von diesem Sonderkündigungsrecht Gebrauch machen, kann er dies bis zum Ablauf des zweiten Monats, nachdem ihm die entsprechende Erklärung seines Vermieters über die bevorstehende Mieterhöhung zugegangen ist, tun, und zwar zum Ablauf des übernächsten Monats. In diesem Fall tritt die Mieterhöhung nicht ein.

Das Sonderkündigungsrecht bei verweigerter Untervermietung

Grundsätzlich haben Mieter das Recht, Teile ihrer angemieteten Räume unterzuvermieten. Allerdings müssen sie zuvor die Genehmigung ihres Vermieters einholen. Verweigert dieser die

Genehmigung, so besteht für den Mieter die Möglichkeit, den Mietvertrag außerordentlich zu kündigen.

Je nach Art des Mietverhältnisses gelten dabei unterschiedliche Fristen:

- für Wohnräume allgemein sowie für Grundstücke und sonstige Räume außer Geschäftsräumen: spätestens bis zum dritten Werktag eines Monats auf den Ablauf des übernächsten Monats,
- für Wohnraum, der Teil der vom Vermieter selbst bewohnten Wohnung ist und vom Vermieter möbliert wurde: spätestens bis zum 15. eines Monats auf Ablauf dieses Monats,
- für Geschäftsräume: spätestens bis zum dritten Werktag eines Kalendervierteljahres zum Ablauf des nächsten Kalendervierteljahres.

Das Sonderkündigungsrecht bei Tod des Mieters

Stirbt der Mieter, so sind sowohl sein Erbe als auch sein Vermieter berechtigt, das Mietverhältnis unter Einhaltung der gesetzlichen Frist zu kündigen, unabhängig von der Dauer und einer eventuellen Befristung des Mietvertrags.

Neu ist, dass Vermieter und Erbe zu dieser Kündigung innerhalb eines Monats, nachdem sie Kenntnis vom Tod des Mieters erlangt haben, berechtigt sind.

Sind mehrere Personen gemeinsam Mieter, so wird das Mietverhältnis beim Tod eines Mieters mit dem oder den Überlebenden fortgesetzt. Für die überlebenden Mieter gilt das Sonderkündigungsrecht.

Waren keine weiteren Mitmieter vorhanden, aber lebten im Haushalt des Verstorbenen noch weitere Personen, zum Beispiel

- der Ehegatte,
- der Lebenspartner,
- die im gemeinsamen Haushalt lebenden Kinder des Mieters,
- andere Familienangehörige, die mit dem Mieter einen gemeinsamen Haushalt führten oder andere Personen, die mit dem Mieter einen auf Dauer angelegten gemeinsamen Haushalt führten,

so haben diese unter Einhaltung einer bestimmten Rangfolge (s. u.) nach dem Tod des Mieters das Recht, in den Mietvertrag einzutreten. Diesen Eintritt von Gesetzes wegen können sie allerdings rückgängig machen, indem sie dem Vermieter gegenüber innerhalb eines Monats, nachdem sie vom Tod des Mieters erfahren haben, erklären, dass sie das Mietverhältnis nicht fortsetzen wollen.

Für den Fall, dass in der Person des in den Mietvertrag Eingetretenen ein wichtiger Grund vorliegt, besteht wiederum für den Vermieter ein entsprechendes Sonderkündigungsrecht. Als solch ein wichtiger Grund kommt beispielsweise in Frage:

- Zahlungsunfähigkeit,
- Beruf (z. B. Schlagzeuger),
- unsittlicher Lebenswandel,

- Drogenabhängigkeit,
- persönliche Feindschaft zwischen dem Vermieter und dem Eintretenden usw.

Besonderheiten bei Geschäftsraummietverhältnissen

Mieter von Geschäftsräumen genießen auch nach der Mietrechtsreform keinen Kündigungsschutz. Ein Geschäftsraummietvertrag, der auf unbestimmte Zeit abgeschlossen ist, kann jederzeit unter Einhaltung der vertraglichen oder gesetzlichen Kündigungsfrist ohne weitere Begründung gekündigt werden.

Eine solche Kündigung hat spätestens am dritten Werktag eines Kalendervierteljahres für den Ablauf des nächsten Quartals zu erfolgen. Die Kündigungsfrist beträgt also mindestens knapp sechs Monate. Dasselbe gilt für Sonderkündigungsrechte.

Grundsätzlich können für Geschäftsraummietverhältnisse aber auch andere Kündigungstermine und -fristen, ob nun länger oder kürzer, vereinbart werden. Auch eine unterschiedliche Ausgestaltung der Kündigungsfristen für Mieter und Vermieter ist möglich, ebenso wie der Ausschluss der Kündigung zu bestimmten Terminen.

> ■ *Auch die bei Wohnräumen vorgesehene Verlängerung der Kündigungsfristen für den Vermieter nach fünf und acht Jahren gilt für Geschäftsraummietverhältnisse nicht.*

Die Kündigung von Geschäftsraummietverhältnissen muss auch nicht schriftlich erfolgen, sofern dies vertraglich nicht so vereinbart ist. Empfehlenswert ist die Schriftform allerdings und sie ist in der Praxis auch üblich.

Anders als bei Wohnraummietverhältnissen sind im Rahmen eines Geschäftsraummietvertrags auch Vereinbarungen zulässig, wonach das Recht zur fristlosen Kündigung erweitert oder eingeschränkt wird. Allerdings wäre eine Klausel in einem Formularmietvertrag, nach der beispielsweise schon bei einem nur unwesentlichen Zahlungsrückstand eine fristlose Kündigung möglich sein soll, unwirksam.

Das Kündigungsrecht beider Parteien wegen erheblicher schuldhafter Pflichtverletzungen kann auch in Geschäftsraummietverträgen nicht ausgeschlossen werden.

Was Sie sonst noch wissen sollten

Was geschieht eigentlich mit der Kaution? Was müssen Sie bei der Einschaltung eines Maklers beachten? Wie verbindlich ist die Hausordnung? Die Beantwortung dieser und weiterer wichtiger Fragen finden Sie in diesem Schlusskapitel.

Was geschieht mit der Kaution?

Es ist durchaus üblich, dass ein Vermieter von seinem Mieter für die Überlassung der Mietsache eine Kaution, vom Gesetzgeber „Mietsicherheit" genannt, verlangt, und zwar bei Wohnräumen in einer Höhe bis maximal zum Dreifachen der monatlichen Nettomiete. Die Kautionszahlung muss allerdings ausdrücklich im Vertrag vereinbart sein.

> ■ *Was dem Mieter hier viel erscheinen mag, reicht dem Vermieter oft nicht aus, wenn ihm tatsächlich durch ein Fehlverhalten des Mieters Kosten entstehen. Das ist beispielsweise dann der Fall, wenn der Mieter monatelang seine Miete nicht bezahlt und ein Räumungsverfahren erforderlich wird.* ■

Der Wohnraummieter muss die Kaution nicht zu Mietbeginn bereits in voller Höhe entrichten. Er ist vielmehr zur Zahlung in drei gleichen Monatsraten berechtigt. Dabei ist die erste Monatsrate grundsätzlich zu Beginn des Mietverhältnisses fällig.

Über die Kaution kann der Vermieter allerdings bis zur Beendigung des Mietverhältnisses nicht nach seinem eigenen Gutdünken verfügen.

Der Vermieter muss eine Barkaution – getrennt von seinem eigenen Vermögen – bei einer Bank zu dem für Spareinlagen mit dreimonatiger Kündigungsfrist üblichen Zinssatz anlegen. Diese Zinsen stehen einerseits dem Mieter zu, andererseits erhöhen sie aber auch die Sicherheit des Vermieters. Daher darf sie der Mieter nicht vor Ablauf der Mietzeit herausverlangen.

■ *Neu ist, dass die Mietvertragsparteien auch andere Anlageformen vereinbaren können. Allerdings müssen diese auf Erzielung von Erträgen ausgerichtet sein. Werden keine Erträge erzielt oder geht das Kapital gar verloren (bei spekulativen Anlagen), ist das Risiko der Parteien.*

Wird die Kaution auf einem Sparkonto angelegt, kann das in der Regel auf zwei Arten erfolgen:

- Entweder ist der Vermieter Inhaber des Sparbuchs, das ausdrücklich als „Mietkaution ..." gekennzeichnet ist, oder
- die Kaution wird auf ein Sparbuch angelegt, das auf den Mieter lautet, und das Guthaben wird in einer gesonderten Abtretungserklärung an den Vermieter, der auch das Sparbuch erhält, abgetreten. Formulare dazu liegen bei den Banken vor.

■ *Auf keinen Fall kann der Mieter seine Mietzahlungen unter Hinweis auf die Kaution, die er geleistet hat, verweigern. Muss sich der Vermieter, um die Miete zu erhalten, aus der Kaution bedienen, so ist der Mieter verpflichtet, diese wieder um den entsprechenden Betrag aufzufüllen.*

Wann muss die Kaution zurückbezahlt werden?

Nach Beendigung des Mietverhältnisses hat der Vermieter die Kaution abzurechnen und in voller Höhe einschließlich der Zinsen zurückzuzahlen. Bestehen noch Ansprüche gegen den Mieter aus dem Mietverhältnis, so kann der Vermieter diese von dem zurückzuzahlenden Betrag abziehen. In diesem Fall muss er dem Mieter eine genaue Abrechnung vorlegen.

Dem Vermieter steht eine angemessene Frist zur Prüfung seiner Ansprüche zu, die er gegen den Mieter haben könnte. Sind die Verhältnisse jedoch klar und weitergehende Forderungen an den Mieter nicht ersichtlich, muss er die Kaution sofort zurückzahlen.

Was geschieht, wenn die Wohnung verkauft wird?

Wird die vermietete Wohnung an einen anderen Eigentümer verkauft, tritt der Erwerber automatisch in den bestehenden Mietvertrag ein. Dies betrifft insbesondere auch die Kaution.

Allerdings ist er nur dann verpflichtet, dem Mieter die Kaution nach Beendigung des Mietverhältnisses zurückzubezahlen, wenn sie ihm vom früheren Eigentümer auch tatsächlich ausgehändigt oder sie beim Kaufpreis mit berücksichtigt wurde.

Im Übrigen genießt der Mieter bezüglich der Kaution mit dem neuen Mietrecht einen weiteren Schutz: Für den Fall, dass der Erwerber ihm die Kaution nicht zurückbezahlen kann, kann er die Rückzahlung von seinem früheren Vermieter verlangen. Dies entspricht dem Grundsatz, dass eine Vertragspartei nur das Insolvenzrisiko des eigenen Vertragspartners zu tragen hat.

> ■ *Etwas anderes gilt nur, wenn sich der Mieter ausdrücklich damit einverstanden erklärt hat, dass die Kaution an den Erwerber ausgehändigt wird.* ■

Hat der frühere Vermieter die Kaution an den Erwerber ausgehändigt, muss der Mieter zunächst allerdings versuchen, die Rückzahlung von Letzterem zu erhalten. Erst wenn dies nicht möglich ist oder von vornherein aussichtslos erscheint, kann er seinen früheren Vermieter in Anspruch nehmen.

Besonderheiten bei Geschäftsraummietverhältnissen

Bei Vermietung von Geschäftsräumen stehen dem Vermieter übrigens viel mehr Möglichkeiten offen. So kann er insbesondere mit seinem Mieter vereinbaren, dass

- die Höhe der Mietkaution mehr als drei Monatskaltmieten beträgt,
- die Kaution nicht zu verzinsen ist,
- die Kaution in voller Höhe bereits vor Beginn des Mietverhältnisses zu zahlen ist oder
- der Vermieter den Mietvertrag für den Fall der Nichtzahlung der Kaution fristlos kündigen kann.

Die Hausordnung: Wie verbindlich ist sie?

Hausordnungen sollen ein reibungsloses Zusammenleben innerhalb einer Hausgemeinschaft ermöglichen bzw. eine allgemeine Ordnung und Sicherheit gewährleisten. Zu diesem Zwecke enthalten sie verschiedene Verhaltensanweisungen an die Mieter.

Auf die Einhaltung der Hausordnung kann ein Vermieter allerdings nur dann bestehen, wenn sie auch Bestandteil des Mietvertrags geworden ist. Dazu muss sie dem Mietvertrag unbedingt zum Zeitpunkt des Abschlusses beigefügt und fest mit ihm verbunden sein und darf nicht zum Beispiel einfach nur im Treppenhaus aushängen.

Grundsätzlich gehen Regelungen im Mietvertrag immer eventuellen gegenteiligen Bestimmungen einer Hausordnung vor. Außerdem können in der Hausordnung keine wesentlichen Pflichten des Mieters festgelegt werden, die sich nicht auch aus dem Mietvertrag ergeben.

Beispiel
Ist im Mietvertrag vereinbart, dass der Mieter einen bestimmten Betrag für die Haus- und Treppenreinigung zu zahlen hat, kann dieser Mieter nicht per Hausordnung dazu verpflichtet werden, einmal pro Woche die Treppe zu reinigen.

Welche Anordnungen der Hausordnung sind verbindlich, welche nicht?

Häufiger Streitpunkt ist das Abstellen von Fahrrädern und Kinderwägen im Hausflur. Daher finden diese Themen oft Einzug in die Hausordnung.

Nach der Rechtsprechung kann das Abstellen von Fahrrädern oder gar Mofas im Hausflur durchaus untersagt werden. Bedenklich ist ein Abstellverbot aber für Kinderwägen. Letztlich kann einem Mieter nicht zugemutet werden, einen großen Kinderwagen unter Umständen mehrmals am Tag in die oberen Geschosse eines Hauses zu tragen. Hier sind im Einzelfall die örtlichen Platzverhältnisse maßgebend.

Unwirksam sind Regelungen in der Hausordnung, die

- dem Mieter das Duschen oder Baden zu bestimmten Tages- oder Nachtzeiten untersagen oder
- den Mieter verpflichten, die Haustür vor 22.00 Uhr am Abend abzuschließen.

Im Übrigen sind kaum Fälle denkbar, bei denen ein Verstoß gegen die Hausordnung eine Kündigung wegen schwerer schuldhafter Pflichtverletzung des Mieters rechtfertigte.

Wie ist das mit den Haustieren?

Die Tierhaltung bei Wohnraummietverhältnissen bleibt auch im neuen Mietrecht ungeregelt. Hier muss nach wie vor auf die Rechtsprechung verwiesen werden.

Jedenfalls unwirksam ist das uneingeschränkte Verbot der Haustierhaltung in einem Formularmietvertrag. Einem Mieter kann es nicht verboten werden, Tiere zu halten, deren Vorhandensein von Natur aus keinen Einfluss auf die Beziehungen zwischen Vermieter und Mieter hat und die auch andere Mieter des Hauses nicht stören können. Hierzu zählen zum Beispiel Zierfische, Hamster oder Kaninchen.

Keine Rechtssicherheit besteht bezüglich des Haltens größerer Tiere, also insbesondere von Hunden und Katzen.

Ist in einem Mietvertrag vereinbart, dass eine Tierhaltung der Zustimmung des Vermieters bedarf, unterliegt die Entscheidung, ob der Vermieter die Zustimmung zur Haltung eines Hundes in der Mietwohnung erteilen will oder nicht, ganz in seinem eigenen Ermessen. Allerdings darf der Vermieter eines Mehrparteienhauses nicht dem einen Mieter die Hundehaltung gestatten und einem anderen nicht, es sei denn, es ist ein triftiger Grund vorhanden (wenn es sich z. B. um einen so genannten Kampfhund handelt).

Nimmt der Mieter entgegen dem Willen des Vermieters einen Hund in seiner Wohnung auf, kann Letzterer die Entfernung des Hundes aus der Mietwohnung verlangen. Nimmt er diese Tierhaltung allerdings über einen längeren Zeitraum hin, kann er diesen Anspruch verlieren.

■ *Geht von der Tierhaltung eine Störung oder Gefährdung Dritter oder der Mietsache aus, kann der Vermieter die Entfernung des Tieres in jedem Fall verlangen.* ■

So kann eine Bitte um Zustimmung zur Haustierhaltung aussehen:

Beispiel: Bitte um Zustimmung zur Haustierhaltung
Sehr geehrter Vermieter,

unsere Tochter, 12 Jahre, soll eine kleine Katze geschenkt bekommen. Nach dem zwischen uns bestehenden Mietvertrag bedarf die Haltung von Haustieren Ihrer Zustimmung. Diese erbitten wir hiermit.

Die ordnungsgemäße Haltung der Katze wird von uns gewährleistet. Eine Gefährdung der Mietsache oder Belästigung von Mitbewohnern ist nicht zu befürchten.

Im Übrigen weise ich darauf hin, dass auch Familie XY im gleichen Haus eine Katze und Herr YZ einen Dackel hält. Wir sind daher der Auffassung, dass die von uns beabsichtigte Haltung der Katze allein aus Gleichbehandlungsgründen zu genehmigen ist.

Mit freundlichen Grüßen

gez. Mieter

Untervermietung: Wann ist sie erlaubt?

Was die Untervermietung – oder allgemeiner und juristisch korrekt: die Gebrauchsüberlassung an Dritte – angeht, muss man unterscheiden zwischen

- Mietverhältnissen allgemein und
- Wohnraummietverhältnissen.

Grundsätzlich ist ein Mieter nicht berechtigt, ohne Erlaubnis des Vermieters den Gebrauch der Mietsache einem Dritten zu überlassen. Dies gilt insbesondere für die Weitervermietung, also die Gebrauchsüberlassung gegen Entgelt.

Im Folgenden finden Sie als Musterschreiben ein Ersuchen um die Genehmigung des Vermieters zur Untervermietung:

Bitte um Genehmigung zur Untervermietung

Sehr geehrter Vermieter,

ich beabsichtige, ein Zimmer meiner von Ihnen angemieteten Dreizimmerwohnung an einen befreundeten Arbeitskollegen zu vermieten, und bitte dafür hiermit um Ihre Zustimmung.

Bei meinem Arbeitskollegen handelt es sich um Herrn … (Vor-, Nachname, derzeitige Anschrift). Herr … ist seit dem … (Datum) beim gleichen

Arbeitgeber wie ich beschäftigt. Er bewohnt derzeit selbst eine für ihn zu große Wohnung. Ich möchte ihm ein Zimmer meiner Wohnung vermieten, um damit meine hohe Mietbelastung zu reduzieren, im Übrigen aber auch, weil ich nicht mehr alleine leben möchte.

Mit freundlichen Grüßen

gez. Mieter

Genehmigt der Vermieter die Untervermietung, kann der Mieter mit dem Untermieter einen Untermietvertrag schließen. Ein Muster dazu finden Sie im Anhang ab Seite 116.

Verweigert der Vermieter diese Erlaubnis, hat der Mieter allerdings das Recht, außerordentlich mit der gesetzlichen Frist zu kündigen, sofern nicht in der Person des Dritten ein wichtiger Grund für die Weigerung des Vermieters vorliegt (Sonderkündigungsrechte, s. o.).

Ein Wohnraummieter hat – wie bisher auch schon – bei Bestehen eines berechtigten Interesses einen Anspruch gegen den Vermieter auf Erlaubnis der Gebrauchsüberlassung. An dieses berechtigte Interesse werden im Übrigen keine hohen Anforderungen gestellt. Nur dürfen die Umstände, die zur Begründung herangezogen werden, erst nach Vertragsabschluss entstanden sein.

Beispiel

Ein Ehepaar mit drei Kindern hat vor Jahren eine Fünfzimmerwohnung angemietet. Nun sind die Kinder alle aus dem Haus und die Wohnung ist eigentlich viel zu groß für die Eltern alleine. Die Mühe, sich eine andere Wohnung zu suchen, scheuen sie aber. Außerdem ist ihnen ihre Wohnung ans Herz gewachsen. So beschließen sie, ein Zimmer an eine junge Studentin unterzuvermieten. In diesem Fall kann ihnen der Vermieter die Genehmigung zur Untervermietung kaum versagen.

Ein Vermieter kann seine Erlaubnis nur dann verweigern, wenn

- in der Person des Dritten ein wichtiger Grund vorliegt (er zum Beispiel Mitmieter durch Anpöbeleien belästigt),
- der Wohnraum übermäßig belegt würde oder
- dem Vermieter die Untervermietung aus anderen Gründen nicht zugemutet werden kann.

Ist dem Vermieter die Überlassung nur bei einer angemessenen Erhöhung der Miete zuzumuten, kann er die Erlaubnis davon abhängig machen, dass sich der Mieter mit einer solchen Mieterhöhung einverstanden erklärt. Allerdings wird sich in der Regel eine Mieterhöhung nur in einer Erhöhung der Betriebskosten niederschlagen können.

> *Der Mieter muss dem Vermieter den Untervermieter konkret benennen. Er hat keinen Anspruch auf eine generelle Erlaubnis zur Untervermietung.*

Achtung: Die unbefugte Gebrauchsüberlassung der Mietsache an Dritte ist trotz des prinzipiellen Anspruchs des Mieters auf Genehmigung grundsätzlich ein Grund für eine außerordentliche fristlose Kündigung. Etwas anderes gilt nur in den Fällen, in denen der Mieter unverschuldet davon ausgehen konnte, dass er zur Untervermietung berechtigt sei. Dann kann die Genehmigung auch nachträglich verlangt werden.

Wird das Hauptmietverhältnis gekündigt, muss der Mieter dafür sorgen, dass auch der Untermieter fristgerecht die Wohnung räumt.

Was ist, wenn ein Vertragspartner stirbt?

Stirbt der Eigentümer und Vermieter einer Wohnung oder eines Mietshauses, treten an Stelle des verstorbenen Vermieters dessen Erben in das Mietverhältnis ein. Diese sind – genauso wie Erwerber bei Veräußerung der Wohnung bzw. des Mietshauses – durch den bestehenden Vertrag gebunden. Ein Sonderkündigungsrecht steht ihnen nicht zu.

Anders sieht die Sache aus, wenn der Mieter stirbt. In diesem Fall sind sowohl der Erbe als auch der Vermieter berechtigt, das Mietverhältnis zu kündigen (Sonderkündigungsrecht, s. o.), und zwar innerhalb eines Monats ab dem Zeitpunkt, zu dem der Betroffene Kenntnis vom Todesfall erhalten hat.

Die Fristen betragen im Einzelnen:

- Für Wohnraummietverhältnisse: bis zum dritten Werktag eines Monats zum Ablauf des übernächsten Monats.
- Für Geschäftsraummietverhältnisse: bis zum dritten Werktag eines Kalendervierteljahres zum Ablauf des nächsten Kalendervierteljahres.

Was gilt für Wohnraummietverhältnisse?

Sind mehrere Personen gemeinsam Mieter, so wird das Mietverhältnis beim Tod eines Mieters mit dem oder den Überlebenden fortgesetzt, sofern diese nicht von ihrem Sonderkündigungsrecht (s. o.) Gebrauch machen.

Sind keine zur Fortsetzung berechtigten Mitmieter vorhanden, so gibt es eine ganze Reihe von Personen, die berechtigt sind, in den Mietvertrag einzutreten:

- Zunächst eintrittsberechtigt ist der Ehegatte oder Lebenspartner des Verstorbenen.
- Tritt der Ehegatte nicht in den Mietvertrag ein, sind die Kinder, die mit ihm im gemeinsamen Haushalt gelegt haben, dazu berechtigt.
- Tritt der Lebenspartner in das Mietverhältnis ein, so treten unabhängig davon – also auch zusammen mit ihm – die Kinder des Mieters ein.
- Erst danach treten andere Familienangehörige oder Personen ein, die mit dem Mieter einen gemeinsamen Haushalt geführt haben.

Der Eintritt ist – zunächst – nicht endgültig. Alle Personen, die von Gesetzes wegen in den Mietvertrag eingetreten sind, können den Eintritt innerhalb eines Monats ab dem Tag, an dem sie von dem Todesfall Kenntnis erlangt haben, rückgängig machen.

Beispiel: Erklärung über den Nichteintritt in den Mietvertrag

Sehr geehrte(r) Herr/Frau,

wie Sie wissen, ist mein Ehemann, der seinerzeit auch die von uns bewohnte Wohnung von Ihnen gemietet hatte, am … (Datum) gestorben.

Hiermit erkläre ich innerhalb der Frist des § 563 Abs. 3 BGB, dass ich das Mietverhältnis nicht fortsetzen will. Ich werde die Wohnung zusammen mit meinen Kindern räumen.

Mit uns in der Wohnung wohnte bereits seit annähernd zehn Jahren die Schwester meines Mannes, Frau ... (vollständiger Name). Ob Frau ... das Mietverhältnis fortsetzen will, ist noch nicht sicher.

Ich stelle klar, dass ich nicht Erbin auf das Ableben meines Mannes bin. Ich habe die Erbschaft ausgeschlagen. Mein Mann ist nicht der Vater meiner Kinder. Wer als Erbe in Frage kommt, ist mir nicht bekannt (oder: Ich gehe davon aus, dass Erbe auf das Ableben meines Mannes ... (soweit bekannt, vollständige Namen und Anschrift) ... sein wird).

Mit freundlichen Grüßen

gez. Mieterin

Auch dem Vermieter steht ein Sonderkündigungsrecht zu, wenn in der Person des oder der Eingetretenen ein wichtiger Grund vorliegt (siehe Seite 78).

Wie sieht es mit Verbindlichkeiten und Forderungen des Verstorbenen aus?

Neben dem Erben haften alle, mit denen das Mietverhältnis fortgesetzt wird oder die in das Mietverhältnis eintreten, für die bis zum Tod des Mieters entstandenen Verbindlichkeiten als Gesamtschuldner (s. o.).

Hat der verstorbene Mieter für einen nach seinem Tod liegenden Zeitraum die Miete im Voraus entrichtet, sind diejenigen, mit denen das Mietverhältnis fortgesetzt wird oder die in das Mietverhältnis eintreten, verpflichtet, dem Erben denjenigen Betrag auszuzahlen, den sie in Folge der Vorausentrichtung der Miete sparen.

Neu ist die folgende Regelung bezüglich der Kaution: Hat der Vermieter vom verstorbenen Mieter – aus welchen Gründen auch immer – keine Kaution erhalten, so kann er von den Personen, mit denen das Mietverhältnis fortgesetzt wird oder die in das Mietverhältnis eintreten, eine Sicherheit verlangen.

Wenn Sie einen Makler einschalten

Zwar wird das Thema „Makler" im Mietrecht nicht behandelt, aber in Anbetracht seiner Bedeutung für Mieter und für Vermieter soll es in diesem TaschenGuide doch zur Sprache kommen.

Ein zentraler und wichtiger Punkt ist dabei die Frage der Provision. Nach dem Wohnungsvermittlungsgesetz kann ein Makler keine Provision für die Vermittlung von Wohnraum verlangen, wenn

- durch den Mietvertrag ein Mietverhältnis über dieselbe Wohnung lediglich fortgesetzt, verlängert oder erneuert wird,

- ein Mietvertrag über Wohnräume abgeschlossen wird, deren Eigentümer, Verwalter, Mieter oder Vermieter der Wohnungsvermittler ist,

- der Mietvertrag über Wohnräume abgeschlossen wird, deren Eigentümer, Verwalter oder Vermieter eine juristische Person (z. B. Bauträgergesellschaft) ist, an der der Wohnungsvermittler rechtlich oder wirtschaftlich beteiligt ist,

- er dem Mieter eine Sozialwohnung vermittelt bzw. nachweist.

Beispiel

Wenn der Makler im Vorstand eines Vereins ist, der ein Wohngebäude sein Eigen nennt und in diesem Gebäude Wohnungen vermietet, darf er für die Vermittlung dieses Wohnraums keine Provision verlangen.

Im Übrigen müssen die folgenden Bedingungen erfüllt sein, um eine Provision zu rechtfertigen:

- Der Makler muss nach außen hin immer deutlich zu erkennen geben, dass er als Wohnungsvermittler tätig ist.

- Die Provision muss in einem Bruchteil oder Vielfachen der Monatsmiete angegeben sein (z. B. die Hälfte der Monatsmiete oder zwei Monatsmieten).

- Der Makler darf in keinem Fall mehr als zwei Monatsnettomieten als Vermittlungsgebühr verlangen.

- In Anzeigen oder Aushängen ist neben der Nettomiete darauf hinzuweisen, ob Nebenleistungen (Betriebskosten, s. o.) besonders zu vergüten sind.

- Ein Makler darf nur dann Wohnräume anbieten, wenn er dazu einen Auftrag oder wenigstens die Einwilligung des Vermieters oder eines anderen Berechtigten hat.

Hat ein Makler zu Unrecht eine Provision gefordert und hat der Mieter diese bezahlt, so kann er sie zurückfordern. Dieser Rückforderungsanspruch verjährt erst nach vier Jahren ab Zahlung.

> *Verstöße gegen das Wohnungsvermittlungsgesetz können mit Geldbußen zwischen 5 000 und 50 000 DM geahndet werden.*

Anhang

Hinweis: Im folgenden Mietvertrag sind Alternativen für bestimmte Passagen durch Kursivsatz gekennzeichnet.

Muster: Mietvertrag für Wohnräume

Zwischen

1. ...,

2. ...

(nachfolgend „Vermieter", auch bei Personenmehrheit)

und

1. ...,

2. ...

(nachfolgend „Mieter", auch bei Personenmehrheit)

wird folgender Mietvertrag geschlossen:

(Bitte vollständig ausfüllen, Zutreffendes ankreuzen, Nichtzutreffendes streichen!)

1. Mietsache

Vermietet wird ausschließlich zu Wohnzwecken die in ... (PLZ, Ort), ... (Straße, Nr.) im ... (Geschoss) ... (rechts, Mitte, links) gelegene Wohnung.

Die Wohnung besteht aus folgenden Räumen: ... Zimmer, ☐ Küche, ☐ Bad, ☐ Toilette, ☐ Flur, ... Nebenräumen.

Mit vermietet sind folgende Nebenräume und Flächen außerhalb der Wohnung: ...

Die Gesamtwohnfläche beträgt ca. ... m^2, soweit vorhanden einschließlich Balkon-/bzw. Terrassenanteil.

Mit vermietet wird die Garage/der Stellplatz Nr. ...

Bei der Mitbenutzung eventuell vorhandener Gemeinschaftseinrichtungen (z. B. Waschmaschinen-/Trockenraum, Fahrradraum u. Ä.) ist eine bestehende Hausordnung zu beachten.

2. Mietdauer
2.1 Das Mietverhältnis beginnt am ...

2.2 Das Mietverhältnis ist auf unbestimmte Zeit abgeschlossen.

2.2 alternativ:
Das Mietverhältnis endet mit Ablauf des ..., verlängert sich aber auf unbestimmte Zeit, wenn es nicht vorher fristgerecht zum Ablauf gekündigt wird.

2.2 alternativ:
Das Mietverhältnis endet mit Ablauf des ..., verlängert sich aber jeweils um ... Monate/Jahr(e), wenn es nicht vorher fristgerecht gekündigt wird.

2.2 alternativ (Zeitmietvertrag):
Das Mietverhältnis ist bis zum ... befristet. Es endet mit Ablauf der Befristung, ohne dass es einer Kündigung bedarf.
Grund für die Befristung: ...

2.3 Steht die Mietsache zum Mietbeginn nicht zur Verfügung, kann der Mieter Ersatz des ihm dadurch entstandenen Schadens fordern, wenn der Vermieter die Verzögerung vorsätzlich oder grob fahrlässig verschuldet hat. Die Rechte des Mieters zur Mietminderung und zur fristlosen Kündigung wegen nicht rechtzeitiger Gebrauchsgewährung (§§ 543, 536 BGB) bleiben unberührt.

3. Miete
Die Miete beträgt bei Beginn des Mietverhältnisses monatlich
3.1 für die Wohnung: ... DM/Euro
3.2 für die Garage/den Stellplatz: ... DM/Euro

4. Betriebskosten

4.1 Neben der Miete trägt der Mieter alle Betriebskosten gemäß Anlage 3 zu § 27 II Berechnungsverordnung. Soweit möglich, sind Betriebskosten vom Mieter direkt mit den Versorgungsunternehmen bzw. Leistungserbringern abzurechnen.

Sind Betriebskostenpauschalen vereinbart, bleiben Erhöhungen oder Ermäßigungen gem. § 560 BGB vorbehalten.

Sind Betriebskostenvorauszahlungen vereinbart, kann jede Vertragspartei nach einer Abrechnung eine Anpassung auf angemessene Höhe § 560 Abs. 4 BGB) vornehmen.

Entstehen Betriebskosten neu oder werden öffentliche Abgaben neu eingeführt, können diese vom Vermieter auf den Mieter entsprechend der Umlage der übrigen Betriebskosten umgelegt werden.

4.2 Die Heizungs- und Warmwasserkosten werden wie folgt umgelegt:

... % nach dem durch Erfassungsgeräte ausgewiesenen Verbrauch, ... % nach der Wohnfläche.

4.2 alternativ (nur zulässig mit Einschränkungen in vom Vermieter selbst bewohnten Zweifamilienhäusern!):
Die Heizungs- und Warmwasserkosten werden nach dem Verhältnis der Wohnflächen der Wohnungen umgelegt.

4.2 alternativ:
Auf die Heizungs- und Warmwasserkosten zahlt der Mieter eine Pauschale i. H. von monatlich ... DM/Euro.

4.2 alternativ:
Auf die Heizungs- und Warmwasserkosten leistet der Mieter eine monatliche Vorauszahlung i. H. von ... DM/Euro.

4.3 Auf alle übrigen Betriebskosten zahlt der Mieter eine monatliche Vorauszahlung in Höhe von ... DM/Euro.

4.3 alternativ:
Auf alle übrigen Betriebskosten zahlt der Mieter eine monatliche Pauschale in Höhe von ... DM/Euro.

4.4 Weicht die vereinbarte Betriebskostenpauschale aufgrund von Kostenerhöhungen oder Reduzierungen oder wegen des Wegfalls oder des Hinzukommens weiterer Betriebskosten von den tatsächlich entstehenden Kosten ab, können sowohl Vermieter als auch Mieter eine entsprechende Anpassung verlangen.

4.5 Die Betriebskosten – mit Ausnahme der Heizungs- und Warmwasserkosten – werden, soweit der Verbrauch erfasst wird, nach dem Verbrauch, im Übrigen, soweit nichts anderes vereinbart wurde, nach dem Anteil der Wohnfläche umgelegt (§ 556a BGB) und berechnet.

4.6 Haben die Parteien einen anderen Umlagemaßstab vereinbart, kann der Vermieter durch schriftliche Erklärung bestimmen, dass die Betriebskosten zukünftig abweichend von der getroffenen Vereinbarung ganz oder teilweise nach einem Maßstab umgelegt werden dürfen, der dem erfassten unterschiedlichen Verbrauch oder der erfassten unterschiedlichen Verursachung Rechnung trägt (§ 556a Abs. 2 BGB).

Die Erklärung ist nur vor Beginn eines Abrechnungszeitraums zulässig.

Sind bei einer derartigen Änderung Kosten bislang in der Miete enthalten, so ist diese entsprechend herabzusetzen.

4.7 Soweit Vorauszahlungen zu leisten sind, ist über diese bis zum Ablauf des zwölften Monats nach Ende des Abrechnungszeitraums abzurechnen. Nach Ablauf dieser Frist ist die Geltendmachung einer Nachforderung durch den Vermieter ausgeschlossen, es sei denn, der Vermieter hat die verspätete Geltendmachung nicht zu vertreten (§ 556 Abs. 3 BGB). Die Abrechnung hat zu erfolgen, sobald dem Vermieter die Abrechnungsunterlagen vorliegen.

4.7.1 Der Mieter ist berechtigt, nach Zugang der Abrechnung die Abrechnungsunterlagen während der üblichen Geschäftszeit nach rechtzeitiger vorheriger Anmeldung beim Vermieter oder der von diesem bestimmten Stelle einzusehen.

4.7.2 Einwendungen gegen die Abrechnung hat der Mieter dem Vermieter spätestens bis zum Ablauf des zwölften Monats nach Zugang der Abrechnung mitzuteilen. Nach Ablauf dieser Frist kann der Mieter Einwendungen nicht mehr geltend machen, es sei denn, der Mieter hat die verspätete Geltendmachung nicht zu vertreten (§ 556 Abs. 3 BGB).

4.7.3 Guthaben- bzw. Nachzahlungsbeträge sind vom Vermieter/Mieter spätestens innerhalb eines Monats an den Vermieter/Mieter zu zahlen.

4.7.4 Endet das Mietverhältnis während einer laufenden Abrechnungsperiode, ist eine Zwischenablesung der Verbrauchserfassungsgeräte vorzunehmen. Hierfür anfallende Zusatzkosten tragen Vermieter und Mieter je zur Hälfte. Die übrigen Betriebskosten werden im Verhältnis der Mietzeit zur Abrechnungsperiode abgerechnet.

5. Mietzahlungen

5.1 Die Gesamtmiete in Höhe von ... DM/Euro ist monatlich im Voraus bis spätestens am dritten Werktag eines Monats fällig.

5.2 Die Miete ist zum Fälligkeitszeitpunkt, kostenfrei auf dem nachstehend genannten Konto des Vermieters eingehend, zu zahlen: ... (Bank, Kto. Nr., BLZ)

5.2 alternativ:
Der Mieter ermächtigt den Vermieter hiermit, die jeweilige Gesamtmiete zum Fälligkeitszeitpunkt vom nachstehend genannten Konto einzuziehen: ... (Bank, Kto. Nr., BLZ)

5.3 Bei Zahlungsverzug kann der Vermieter für jede schriftliche Mahnung ... DM/Euro pauschalierte Mahnkosten verlangen. Die Geltendmachung eines weiteren Schadens ist nicht ausgeschlossen.

6. Mietsicherheit (Kaution)

6.1 Der Mieter zahlt eine Mietsicherheit in Höhe von ... DM/Euro.

6.2 Der Mieter ist berechtigt, die Kaution in drei gleichen monatlichen Raten zu zahlen. Die erste Rate ist mit dem Beginn des Mietverhältnisses fällig.

6.3 Der Vermieter hat die Kaution getrennt von seinem Vermögen bei einem Kreditinstitut zu dem für Spareinlagen mit dreimonatiger Kündigungsfrist üblichen Zinssatz anzulegen. Die Zinsen stehen dem Mieter zu. Sie erhöhen die Kaution.

6.3 alternativ: Die Parteien sind sich darüber einig, dass die Mietsicherheit wie folgt angelegt werden soll: ...

6.4 Die Mietsicherheit ist nach Vertragende und Rückgabe der Mietsache abzurechnen und an den Mieter auszuzahlen, sobald klar ist, dass dem Vermieter begründete Gegenansprüche oder ein Zurückbehaltungsrecht nicht zustehen.

6.5 Während des Mietverhältnisses ist eine Aufrechnung des Mieters mit dem noch nicht fälligen Kautionsrückzahlungsanspruch unzulässig.

6.6 Bei Mietermehrheit gilt die wechselseitige Bevollmächtigung gem. Ziffer 19.2 dieses Vertrags auch für den Empfang der Kautionsrückzahlung.

6.6 alternativ: Der Mieter stellt dem Vermieter als Mietsicherheit die selbstschuldnerische unbefristete Bürgschaft eines Kreditinstituts.

6.6 alternativ: Der Mieter stellt dem Vermieter als Mietsicherheit die selbstschuldnerische unbefristete Bürgschaft von Herrn/Frau/ Firma ... (Name), ... (Anschrift).

7. Mieterhöhung

7.1 Eine Mieterhöhung während der Mietzeit richtet sich nach den gesetzlichen Vorschriften.

7.1 alternativ:
Eine Erhöhung der Miete gem. Ziffer 3 ist bis zum ... (Datum) ausgeschlossen.

7.1 alternativ:
Es wird nachstehende Staffelmietvereinbarung getroffen:
Die Miete nach Ziffer 3 erhöht sich wie folgt:
ab dem ... um ... DM/Euro auf ... DM/Euro
ab dem ... um ... DM/Euro auf ... DM/Euro
ab dem ... um ... DM/Euro auf ... DM/Euro
ab dem ... um ... DM/Euro auf ... DM/Euro

7.1 alternativ:
Die Mieterhöhung richtet sich nach folgender Mietanpassungsvereinbarung (Indexmiete):

Die Miete nach Ziffer 3 wird an die Entwicklung des vom statistischen Bundesamtes ermittelten Preisindex für die Lebenshaltung aller privaten Haushalte in Deutschland gekoppelt.

Verändert sich der Preisindex (Basisjahr 2000 = 100) gegenüber dem Stand zum Zeitpunkt des Vertragsabschlusses, kann jede der Vertragsparteien eine entsprechende Anpassung verlangen. Der Mietzins muss jedoch mindestens jeweils ein Jahr unverändert bleiben.

Das Änderungsverlangen muss schriftlich geltend gemacht werden. Dabei sind die eingetretene Änderung des Preisindexes sowie die jeweilige Miete oder die Erhöhung in einem Geldbetrag anzugeben.

Der geänderte Mietzins ist vom Beginn des übernächsten auf die Erklärung folgenden Monats an zu zahlen.

8. Kündigung

8.1 Ist der Mietvertrag auf unbestimmte Zeit abgeschlossen worden, so richtet sich das Kündigungsrecht des Mieters und des Vermieters nach den gesetzlichen Vorschriften.

Die Kündigungsfrist für den Mieter beträgt unabhängig von der Dauer des Mietverhältnisses drei Monate.

Die Kündigung ist spätestens bis zum dritten Werktag eines Monats für den Ablauf des übernächsten Monats zu erklären.

Nach fünf und acht Jahren seit der Überlassung des Wohnraums verlängert sich die Kündigungsfrist für den Vermieter um jeweils drei Monate.

8.2 Die Kündigung hat schriftlich zu erfolgen. Für ihre Rechtzeitigkeit kommt es nicht auf die Absendung, sondern auf den Zugang des Kündigungsschreibens beim Vermieter bzw. Mieter an.

8.3 Eine stillschweigende Verlängerung des Mietverhältnisses über den Beendigungszeitpunkt hinaus ist ausgeschlossen. § 545 BGB findet keine Anwendung.

9. Zustand der Mieträume

Die Mieträume werden dem Mieter zu Beginn des Mietverhältnisses in vollständig renoviertem Zustand übergeben.

alternativ:
Die Mieträume werden vom Mieter in unrenoviertem Zustand übernommen.

alternativ:
Der Vermieter verpflichtet sich, vor Beginn des Mietverhältnisses auf seine Kosten folgende Arbeiten durchführen zu lassen: ...

Im Übrigen werden die Mieträume in den dem Mieter bekannten Zustand als vertragsgerecht übernommen.

10. Schönheitsreparaturen

10.1 Schönheitsreparaturen übernimmt der Mieter auf seine Kosten.

10.2 Zu den Schönheitsreparaturen gehören:

- das Tapezieren (ggf. einschließlich dem Entfernen der alten Tapeten),
- das Anstreichen oder Kalken der Wände und Decken,
- das Streichen der Fußböden, der Heizkörper einschließlich der Heizrohre, der Innentüren sowie der Fenster und Außentüren von innen.

10.3 Die Schönheitsreparaturen sind, gerechnet vom Beginn des Mietverhältnisses an bzw. von der letzten nach Beginn des Mietverhältnisses fachgerechten Durchführung, in folgenden Zeitabständen fällig:
- Küchen, Bäder und Duschen: alle 3 Jahre,
- Wohn- und Schlafräume, Flure, Dielen und Toiletten: alle 5 Jahre,
- sonstige Nebenräume innerhalb der Wohnung: alle 7 Jahre.

10.4 Bei der Beendigung des Mietverhältnisses gilt für noch nicht (wieder) fällige Schönheitsreparaturen folgende Regelung:

- Liegen die letzten Schönheitsreparaturen während der Mietzeit für Küchen, Bäder und Duschen länger als ein Jahr zurück, zahlt der Mieter 33 % der Kosten gemäß einem vom Vermieter vorzulegenden Kostenvoranschlag einer Fachfirma, liegen sie länger als zwei Jahre zurück: 66 %.
- Liegen die letzten Schönheitsreparaturen während der Mietzeit für Wohn- und Schlafräume, Flure, Dielen und Toiletten länger als ein Jahr zurück, trägt der Mieter 20 % der Kosten gemäß Kostenvoranschlag, liegen sie länger als zwei Jahre zurück 40 %, länger als drei Jahre: 60% und länger als vier Jahre: 80 %.
- Liegen die letzten Schönheitsreparaturen während der Mietzeit für die Nebenräume länger als ein Jahr zurück, trägt der Mieter 14 % der Kosten gemäß Kostenvoranschlag, länger als zwei Jahre: 28 %, länger als drei Jahre: 42 %, länger als vier Jahre: 56 %, länger als fünf Jahre: 70 % und länger als sechs Jahre: 84 %.

Ist der Mieter mit der Höhe des Kostenvoranschlags nicht einverstanden, ist er berechtigt, innerhalb zwei Wochen nach Zugang des Vermieter-Voranschlags seinerseits einen verbindlichen Kostenvoranschlag eines anderen Malerfachgeschäfts vorzulegen, der einen geringeren Kostenaufwand ausweist. Dieser ist dann der Berechnung der anteilig vom Mieter zu übernehmenden Kosten zugrunde zu legen.

10.5 Das Recht des Mieters, statt die Kostenbeteiligung zu übernehmen, auch die noch nicht fälligen Schönheitsreparaturen selbst vollständig und fachgerecht durchzuführen oder durchführen zu lassen, bleibt unberührt.

Das gilt nicht für den Fall, dass der Vermieter Umbaumaßnahmen beabsichtigt, die durchgeführte Schönheitsreparaturen zerstören würden. In dem Fall schuldet der Mieter den Betrag, den er für die Durchführung der Schönheitsreparaturen aufzuwenden gehabt hätte.

10.6 Alle Schönheitsreparaturen müssen bis zum Ablauf des Mietverhältnisses ausgeführt sein.

11. Kleine Instandhaltungen

11.1 Die Kosten für Kleinreparaturen und Wartungen (kleine Instandhaltungen), die während der Mietdauer erforderlich werden, sind vom Mieter zu tragen, soweit sie nicht vom Vermieter zu vertreten sind.

11.2 Die kleinen Instandhaltungen umfassen für den Mieter nur das Beheben kleiner Schäden an den Installationsgegenständen für Elektrizität, Wasser und Gas, den Koch- und Heizeinrichtungen, den Fenster- und Türverschlüssen, Rollläden sowie den Verschlussvorrichtungen von Fensterläden sowie die jährlich wenigstens einmalige Wartung von Gasgeräten, soweit vorgeschrieben oder empfohlen.

Die Durchführung der Wartung ist dem Vermieter auf Verlangen nachzuweisen.

11.3 Die Verpflichtung des Mieters nach den Ziffern 11.1 und 11.2 ist begrenzt auf … DM/Euro je Kleinreparatur, höchstens jedoch auf insgesamt … % der Jahresnettomiete im Mietjahr.

12. Haftung des Vermieters, Aufrechnung und Zurückbehaltung

12.1 Für einen dem Mieter entstandenen Schaden haftet der Vermieter nur bei Vorsatz und grober Fahrlässigkeit. Das gilt insbesondere für Schäden, die dem Mieter an den ihm gehörenden Einrichtungsgegenständen durch Feuchtigkeitseinwirkung entstehen.

12.2 Zur Aufrechnung mit Gegenforderungen gegenüber der Mietforderung oder zur Ausübung eines Zurückbehaltungsrechts ist der Mieter außer im Fall unbestrittener oder rechtskräftig festgestellter Forderungen nur dann berechtigt, wenn er diese Absicht mindestens einen Monat vor Fälligkeit der Miete dem Vermieter schriftlich angezeigt hat.
Die Rechte des Mieters aus §§ 536, 536a BGB werden davon nicht berührt.

13. Überlassung der Mietsache an Dritte, Untervermietung

13.1 Die Überlassung des Gebrauchs der Mieträume – ganz oder teilweise, entgeltlich oder unentgeltlich – bedarf der vorherigen schriftlichen Zustimmung des Vermieters.

13.2 Der Vermieter ist zur fristlosen Kündigung berechtigt, wenn der Mieter ungeachtet einer schriftlichen Abmahnung des Vermieters einem Dritten den ihm unbefugt überlassenen Gebrauch weiterhin überlässt.

13.3 Im Übrigen gelten die gesetzlichen Vorschriften.

14. Tierhaltung

14.1 Ohne schriftliche Zustimmung des Vermieters dürfen kleinere Tiere in den Wohnräumen gehalten werden, soweit sich die Anzahl der Tiere in den üblichen Grenzen hält und nach der Art der Tiere und ihrer Unterbringung Belästigungen von Hausbewohnern und Nachbarn sowie Beeinträchtigungen der Mietsache und/oder des Grundstücks nicht zu erwarten sind.

14.2 Jede darüber hinausgehende Tierhaltung (z. B. Hund, Katze) innerhalb der Mietwohnung bedarf der vorherigen schriftlichen Zustimmung des Vermieters.

14.3 Der Vermieter kann eine einmal erteilte Zustimmung widerrufen und eine ohne Zustimmung zulässige Tierhaltung untersagen, wenn Auflagen nicht eingehalten, Hausbewohner oder Nachbarn belästigt oder wenn die Mietsache oder das Grundstück beeinträchtigt werden.

14.4 Der Mieter haftet ohne Rücksicht auf eigenes Verschulden für alle Schäden, die durch die Tierhaltung entstehen.

15. Empfangsanlagen für Rundfunk und Fernsehen

15.1 Ist kein Breitbandkabelanschluss für Rundfunk und Fernsehen vorhanden, ist dem Mieter die Anbringung einer Einzelempfangsanlage außerhalb der Miethäume gestattet. Die Anbringung bedarf der schriftlichen Zustimmung des Vermieters. Sie hat im Einvernehmen mit dem Vermieter und unter Beachtung der VDE- und der behördlichen Vorschriften durch eine Fachfirma zu erfolgen.

15.2 Die mit der Anbringung einer Einzelempfangsanlage verbundenen Kosten und laufenden Gebühren trägt der Mieter. Wird nachträglich eine Gemeinschaftsempfangsanlage eingerichtet, hat der Mieter seine Anlage auf seine Kosten zu entfernen und den alten Zustand wieder herzustellen.

15.3 Der Mieter verpflichtet sich, den Vermieter von allen Ansprüchen Dritter aus der Installation und dem Betrieb der Empfangsanlage freizustellen.

16. Obhutspflicht, Mängelanzeige, Schadenersatz

16.1 Der Mieter verpflichtet sich zur sachgemäßen und pfleglichen Behandlung der Mietsache und der Räume und Flächen, die ihm zur Mitbenutzung zur Verfügung stehen. Er hat insbesondere auch für eine ausreichende Beheizung und Belüftung der Mieträume zu sorgen.

16.2 Bauliche Veränderungen an der Mietsache dürfen nur mit vorheriger schriftlicher Erlaubnis des Vermieters vorgenommen werden.

16.3 Beim Auftreten eines nicht nur unwesentlichen Mangels der Mietsache hat der Mieter den Vermieter unverzüglich zu informieren. Das Gleiche gilt, wenn der Mietsache oder dem Grundstück eine Gefahr droht.

16.4 Der Mieter haftet für Schäden, die durch schuldhafte Verletzung der ihm obliegenden Obhuts- und Anzeigepflicht entstehen.

16.4.1 Der Mieter haftet auch für das Verschulden von Familienangehörigen, Hausangestellten, Untermietern und sonstigen Personen, die sich mit seinem Willen in der Wohnung aufhalten.

16.4.2 Ist an der Mietsache ein Schaden eingetreten, der nicht allein durch die normale vertragsgemäße Abnutzung entstehen kann, hat der Mieter zu beweisen, dass ein Verschulden nicht vorgelegen hat; das gilt nicht für Schäden an Räumen, Einrichtungen und Anlagen, die auch von Mietern anderer Räume und/oder dem Vermieter benutzt werden.

17. Betreten der Mieträume durch den Vermieter

17.1 Der Vermieter oder von ihm Beauftragte dürfen die Mieträume zur Prüfung ihres Zustands, zum Ablesen von Messgeräten oder aus sonstigen vernünftigen Gründen in angemessenen Abständen und nach rechtzeitiger Vorankündigung betreten. Auf eine persönliche Verhinderung des Mieters ist Rücksicht zu nehmen.

17.2 Will der Vermieter das Grundstück und/oder die Mietwohnung verkaufen oder ist der Mietvertrag gekündigt, sind der Vermieter oder von ihm Beauftragte berechtigt, die Mietsache nach rechtzeitiger Vorankündigung zusammen mit Kauf- oder Mietinteressenten zu besichtigen.

17.3 Bei längerer Abwesenheit hat der Mieter sicherzustellen, dass die Rechte des Vermieters nach den Ziffern 17.1 und 17.2 ausgeübt werden können.

18. Rückgabe der Mietsache

18.1 Bei Ende des Mietvertrags hat der Mieter die Mietsache ungeachtet seiner Verpflichtung zur Durchführung von Schönheitsreparaturen gem. Ziffer 10 vollständig geräumt und sauber zurückzugeben. Der Mieter haftet für alle Schäden, die dem Vermieter oder einem Mietnachfolger aus der Nichtbefolgung dieser Pflicht entstehen.

18.2 Einrichtungen, mit denen der Mieter die Mietsache versehen hat, darf er wegnehmen. Der Vermieter kann die Ausübung des Wegnahmerechts durch Zahlung einer angemessenen Entschädigung abwenden, es sei denn, dass der Mieter ein berechtigtes Interesse an der Wegnahme hat.

18.3 Hat der Mieter bauliche Veränderungen an der Mietsache vorgenommen oder sie mit Einrichtungen versehen, so ist er auf Verlangen des Vermieters verpflichtet, bei Ende des Mietvertrags auf seine Kosten den ursprünglichen Zustand wiederherzustellen, sofern nicht etwas anderes schriftlich vereinbart wurde.

18.4 Alle Schlüssel, auch die vom Mieter selbst beschafften, sind dem Vermieter zu übergeben.

19. Personenmehrheit als Mieter

19.1 Haben Ehegatten oder mehrere Personen die Räume gemietet, so haften sie für alle Verpflichtungen aus dem Mietvertrag als Gesamtschuldner.

19.2 Willenserklärungen des Vermieters/der Vermieter müssen gegenüber allen Mietern abgegeben werden.

Mehrere Mieter bevollmächtigen sich hiermit gegenseitig zur Entgegennahme von Erklärungen des Vermieters sowie zur Abgabe eigener Erklärungen.

Diese Bevollmächtigung gilt auch z. B. für die Entgegennahme von Kündigungen und Mieterhöhungsverlangen, nicht aber für die Abgabe von Kündigungserklärungen oder den Abschluss eines Mietaufhebungsvertrags. Mehrere Vermieter bevollmächtigen sich entsprechend.

19.3 Jeder Mieter muss Tatsachen in der Person oder dem Verhalten eines die Mieträume mitbenutzenden Familienangehörigen oder eines anderen berechtigten Benutzers, die das Mietverhältnis berühren oder einen Schadenersatz begründen, für und gegen sich gelten lassen.

20. Mündliche Nebenabreden

Mündliche Nebenabreden bestehen nicht. Sie bedürfen zu ihrer Wirksamkeit der Schriftform.

21. Zusätzliche Vereinbarungen

_____

_____

(Ort, Datum)   (Vermieter/in)   (Mieter/in)

Muster: Untermietvertrag, § 540 BGB

Zwischen

Herrn/Frau...
– Untervermieter/in –
wohnhaft in ...

und

Herrn/Frau...
– Untermieter/in –
derzeit wohnhaft in ...
wird folgender

Untermietvertrag

geschlossen.

1. Mietgegenstand

Mietgegenstand ist der nachstehend beschriebene Teil der ...-Zimmer-Wohnung des Untervermieters ... (Straße), ... (Hausnummer), ...-tes OG, ... Zimmer, ... Kammer(n) zur ausschließlichen Benutzung.

Die Räume sind leer/sind wie folgt möbliert:

Der Untermieter ist darüber hinaus berechtigt, folgende weiteren Räumlichkeiten des Untervermieters mitzubenutzen:

Küche/Bad/WC/Abstellraum/Keller/Boden/

(Nichtzutreffendes streichen)

2. Mietdauer

Der Untermietvertrag beginnt am ... Er läuft auf unbestimmte Zeit/endet am ...

3. Kündigung

Der Untermieter kann diesen Vertrag, sofern er auf unbestimmte Zeit abgeschlossen ist, mit einer Frist von zwei Wochen zum Monatsende kündigen.

Das Kündigungsrecht des Untervermieters richtet sich nach § 573 a Abs. 2 BGB.

Ist eine bestimmte Mietdauer vereinbart, kann der Vertrag von keinem der Vertragschließenden innerhalb dieser Frist gekündigt werden. Etwas anderes gilt, wenn ein Grund zur fristlosen Kündigung des Mietvertrages vorliegt.

Der Vermieter ist zur fristlosen Kündigung berechtigt, wenn sich der Mieter für zwei aufeinander folgende Termine mit der Entrichtung der Miete oder eines nicht unerheblichen Teils der Miete in Verzug befindet.

oder:

wenn der Mieter in einem Zeitraum, der sich über mehr als zwei Termine erstreckt, mit der Entrichtung der Miete in Höhe eines Betrags in Verzug gekommen ist, der die Miete für zwei Monate erreicht.

4. Miete und Betriebskosten

Die Miete beträgt monatlich	... DM/EUR
Die Betriebskostenpauschale für Heizung, Wasser, Strom, Zimmerreinigung monatlich	... DM/EUR
Monatliche Gesamtmiete	... DM/EUR

Der Gesamtbetrag ist zahlbar bis spätestens zum 3. Werktag eines jeden Monats im Voraus in bar/auf das Konto des Untervermieters bei der

... Bank / Sparkasse, Konto Nr. ..., BLZ ...

Maßgebend ist der Zeitpunkt des Eingangs des Betrags beim Vermieter.

5. Haustierhaltung

Die Haltung von Haustieren ist untersagt, es sei denn, dass der Hauptvermieter / Eigentümer einverstanden ist.

6. Bauliche Veränderungen

Dem Untermieter sind bauliche Veränderungen jedweder Art an den oder in den gemieteten Räumen untersagt.

7. Untervermietung

Die weitere Untervermietung oder sonstige Gebrauchsüberlassung an Dritte durch den Mieter dieses Vertrages ist nicht gestattet.

8. Rückgabe der Untermietsache

Bei Beendigung des Untermietvertrags sind die Räumlichkeiten sauber, d.h. besenrein zu übergeben.

9. Sonstige Vereinbarungen

(Ort, Datum)   (Vermieter/in)   (Mieter/in)

Muster: Mieterhöhung durch Benennung von drei Vergleichswohnungen

Sehr geehrte Mieter,

für die von Ihnen gemietete Wohnung zahlen Sie seit dem ... (Datum) und damit seit mehr als einem Jahr unverändert eine monatliche Miete in Höhe von ... DM/Euro.

Bei einer Wohnungsgröße von ... m² entspricht das einem Quadratmeterpreis von ... DM/Euro.

Diese Miete entspricht nicht mehr dem Entgelt, das in der Gemeinde bzw. vergleichbaren Gemeinden für nicht preisgebundenen Wohnraum vergleichbarer Art, Größe, Ausstattung, Beschaffenheit und Lage gezahlt wird. Die ortsübliche Vergleichsmiete für Ihre Wohnung beträgt derzeit ... DM/Euro pro Quadratmeter.

Zur Begründung meines Erhöhungsverlangens verweise ich auf die Vergleichsmieten nachstehend aufgeführter Wohnungen.

Wohnung Nr. 1:
Ort und Straße: ...

Stockwerk: ...

Mieter: ...

Wohnfläche in m²: ...

Anzahl der Räume: ...

Ausstattung: ...

Miete/m²: ...DM/Euro

Wohnung Nr. 2:
...

Wohnung Nr. 3:
...

Die vorstehend genannten Vergleichswohnungen sind mit Ihrer Wohnung nach Art, Größe, Ausstattung, Beschaffenheit und Lage vergleichbar. Ich fordere Sie daher auf, mir Ihre Zustimmung zur Erhöhung der von Ihnen zu zahlenden Miete um ... DM/Euro auf ... DM/Euro zu erteilen. Das entspricht einem auf ... DM/Euro angehobenen Quadratmeterpreis.

Da der in unserer Stadt seit ... geltende qualifizierte Mietspiegel Angaben für die Wohnung enthält, teile ich Ihnen diese gem. § 558 a Abs. 3 wie folgt mit: ...

Die ortsübliche Vergleichsmiete beläuft sich damit für Ihre Wohnung auf ... DM/Euro, so dass sich Ihre Miete um ... DM/Euro erhöht. Ausgehend von der vor drei Jahren gezahlten Miete beträgt die Erhöhung weniger als 20 %, so dass die Kappungsgrenze beachtet ist (§ 558 Abs. 3 BGB).

Ich fordere Sie daher auf, mir Ihre Zustimmung zur Erhöhung der von Ihnen zu zahlenden Nettomiete um ... DM/Euro auf ... DM/Euro zu erteilen.

Zur Nettomiete hinzu kommen die Betriebskostenvorauszahlungen in bisheriger Höhe (... DM/Euro), so dass sich die Gesamtmiete mithin auf ... DM/Euro erhöht.

Ihre Zustimmungserklärung müsste bis spätestens zum Ablauf des zweiten Kalendermonats, der auf den Zugang dieses Erhöhungsverlangens folgt, mithin bis zum ... (Datum) vorliegen (§ 558b Abs. 2 BGB).

Sollten Sie Ihre Zustimmung nicht innerhalb der Frist erklärt haben, wäre ich gezwungen, auf Erteilung Ihrer Zustimmung zu klagen (§ 558b Abs. 2).

Wenn Sie der Mieterhöhung zustimmen, dann wird die erhöhte Miete vom Beginn des dritten Kalendermonats ab geschuldet, der auf den Zugang dieses Erhöhungsverlangens folgt, mithin ab dem ... (Datum).

Ich bitte Sie, Ihre Zustimmung zur Mieterhöhung dadurch zu erklären, dass Sie das diesem Schreiben beigefügte Doppel an der dafür vorgesehenen Stelle unterschreiben und mir wieder zukommen lassen.

Mit freundlichen Grüßen

gez. Vermieter/in

Zusatz auf Doppel des Schreibens:

Ich/wir erkläre(n) mich/uns mit vorstehender Mieterhöhung einverstanden.

Ort, Datum........ gez. Mieter/in

Muster: Mieterhöhung wegen Modernisierung

Sehr geehrter Mieter,

die Ihnen mit Schreiben vom ... (Datum) angekündigten Modernisierungsmaßnahmen sind inzwischen abgeschlossen. Im Einzelnen wurden folgende Arbeiten zu folgenden Kosten durchgeführt:

1. ...   DM/Euro ...

2. ...   DM/Euro ...

3. ...   DM/Euro ...

Gemäß § 559 BGB bin ich berechtigt, 11 % der Gesamtkosten jährlich, mithin ... DM/Euro auf alle Mieter umzulegen.

Unter Berücksichtigung einer Gesamtwohnfläche von ... m^2 und der Wohnfläche Ihrer Wohnung von ... m^2 ergibt sich ein auf Sie entfallender monatlicher Umlagebetrag in Höhe von ... DM/Euro (11 % der Gesamtkosten: Gesamtwohnfläche × Fläche Ihrer Wohnung : 12 Monate).

Um diesen Betrag erhöht sich Ihre derzeitige Miete von ... DM/Euro auf ... DM/Euro monatlich.

Die erhöhte Miete ist ab dem ... (Datum), dem Beginn des dritten Monats, der auf dieses Erhöhungsverlangen folgt, zu bezahlen, da ich Ihnen die zu erwartenden Erhöhung rechtzeitig mitgeteilt habe und die tatsächliche Mieterhöhung nicht mehr als 10 % höher als die mitgeteilte ausfällt (§ 559b Abs. 2 BGB).

Mit freundlichen Grüßen

gez. Vermieter/in

Muster: Übergabeprotokoll

Die vom unterzeichneten Mieter mit Mietvertrag vom ... (Datum) angemietete Wohnung ... (Straße) in ... (PLZ, Ort) wurde am ... (Datum) gemeinsam begangen, besichtigt und dem Mieter übergeben.

Teilnehmer am Besichtigungstermin: ...

Vermieter/Bevollmächtigter: ...

Mieter/Bevollmächtigter: ...

Die ordnungsgemäße Bevollmächtigung wurde festgestellt.

Die Wohnung ist insgesamt renoviert/wird in einem unrenovierten Zustand übergeben.

Der Zustand der einzelnen Räume wird wie folgt festgehalten:

1. Flur

Ordnungsgemäßer Zustand

oder:

Es wurden folgende Mängel bzw. Schäden festgestellt:

2. Wohnzimmer
Ordnungsgemäßer Zustand

oder:

Es wurden folgende Mängel bzw. Schäden festgestellt:

___

3. Schlafzimmer
Ordnungsgemäßer Zustand

oder:

Es wurden folgende Mängel bzw. Schäden festgestellt:

___

4. Alle weiteren Zimmer
Ordnungsgemäßer Zustand

oder:

Es wurden folgende Mängel bzw. Schäden festgestellt:

___

5. Küche
Ordnungsgemäßer Zustand

oder:

Es wurden folgende Mängel festgestellt:

___

Die Küche verfügt über eine Einbauküche bestehend aus:

___

Die einzelne Einbauelemente und technischen Geräte befinden sich in einem ordnungsgemäßen Zustand, die Funktion der technischen Geräte wurde überprüft. Beanstandungen ergaben sich keine.

oder:

Es wurden folgende Mängel bzw. Schäden an der Einbauküche/technischen Geräten festgestellt:

Stand Kaltwasserzähler: ...
Stand Warmwasserzähler: ...
Stand Stromzähler:
Stand Heizungserfassungsgeräte, ggf. in den einzelnen Zimmern: ...

6. Garage

Ordnungsgemäßer Zustand

oder:

Es wurden folgende Mängel bzw. Schäden festgestellt:

---

7. Gegensprechanlage

Ordnungsgemäßer Zustand

oder:

Es wurden folgende Mängel bzw. Schäden festgestellt:

Mit diesem Übergabeprotokoll bzw. mit den Einschränkungen des Protokolls wird anerkannt, dass sich die Mieträume in einem ordnungsgemäßen Zustand befinden. Bezüglich der festgestellten Mängel und Schäden behält sich der Mieter für die Zeit, bis die Mängel behoben sind, eine Mietminderung vor.

Der Vermieter verpflichtet sich, die festgestellten Mängel und Schäden bis spätestens ... (Datum) zu beheben.

...... (Ort), den ......, Datum)

(Vermieter/in)   (Mieter/in)

Stichwortverzeichnis

Abmahnung 66
Abrechnungsmaßstab für Betriebskosten 38
Anpassungsklausel 17

Barrierefreiheit 58
Befristungsgründe 18
Betreten der Mietwohnung 58
Betriebskosten 35
Betriebskostenerhöhung 38

Eigenbedarf 67
Eigentumswohnanlage 16
Einwendungen gegen Betriebskostenabrechnung 37
Einzugsermächtigung 34

Fachmännische Reparaturen 54
Fälligkeit der Miete 33
Formularmietvertrag 15
Fristlose Kündigung 71

Gesamtschuldner 11
Geschäftsraummietverhältnisse 45, 83, 89

Härtefall 74
Hausordnung 89
Haustiere 91
Heizkostenverordnung 41

Indexmiete 25
Individualabreden 15
Instandhaltung 47

Kaution 60, 86
Kleinreparaturen 49
Kündigung 11, 61
Kündigung wegen Eigenbedarfs 69
Kündigungsfrist 62
Kündigungsgründe 64

Mahnkosten 34
Makler 99
Mietdatenbank 27
Mieter 11
Mieterhöhung 24, 80, 119, 121
Mieterhöhung nach Vereinbarung 24
Mieterhöhung wegen Modernisierung 30, 121

Stichwortverzeichnis

Mieterselbstauskunft 8
Miethöhe 21
Mietminderung 42, 57
Mietpreisüberhöhung 22
Mietsicherheit 86
Mietspiegel 22
Mietvertrag 11, 14, 101
Mietwucher 22
Modernisierung 47, 55
Muster Mietvertrag 101 ff.

Nachmieter 63

Ordentliche Kündigung 62
Ortsübliche Vergleichsmiete 22

Qualifizierter Mietspiegel 23

Schönheitsreparaturen 50
Schufa-Selbstauskunft 10
Schuldnerverzeichnis 10
Selbstauskunft 8
Sonderkündigungsrechte 78
Sozialklausel 74
Staffelmiete 25

Tierhaltung 91
Tod des Mieters 81

Tod eines Vertragspartners 96

Übergabe der Mietsache 48
Übergabeprotokoll 122
Untermietvertrag 116
Untervermietung 80, 93

Vergleichsmiete s. ortsübliche Vergleichsmiete
Vergleichswohnungen 28, 121
Verwertungskündigung 70

Widerspruch gegen die Kündigung 74
Wohnungseigentümergemeinschaft 16
Wohnungsvermittlungsgesetz 99

Zahlungsverzug 73
Zeitmietvertrag 17
Zustimmung zur Mieterhöhung 25
Zweifamilienhaus-Kündigung 79

Erste Hilfe beim Ärger mit dem Vermieter

So kommen Sie zu Ihrem Recht

In diesem neuen Ratgeber bekommen Sie als Mieter Antwort auf Ihre Fragen.

- Was hat sich durch die Mietrechtsreform geändert?
- Mieterhöhung, Nebenkosten, Schönheitsreparaturen: Was kann der Vermieter verlangen?
- Wann ist eine Mietminderung gerechtfertigt?

Jetzt neu mit CD-ROM:
Musterbriefe und Checklisten helfen Ihnen beim Durchsetzen Ihrer Rechte. Dazu erhalten Sie noch Gesetzestexte im Wortlaut.

Hans-Peter Buch
Der Mieter-Ratgeber
So kommen Sie zu Ihrem Recht
ca. 160 Seiten
DM 29,80
mit CD-ROM
Bestell-Nr. 06230-0001
ISBN 3-448-04649-3

Bestellen Sie bei Ihrer Buchhandlung oder direkt beim Verlag:
Haufe Verlag, Fraunhoferstr. 5, 82152 Planegg
Tel.: 089 / 895 17-288; Fax: 089 / 895 17-250
Internet: www.haufe.de, E-Mail: bestellen@haufe.de

TaschenGuides – auch im Internet:

www.taschenguide.de

Ein Klick genügt und die kompakte Fach-Bibliothek der Wirtschaft steht Ihnen offen.

Sie bekommen **Checklisten**, praktische **Tipps** und jede Menge **Wissen** zu Themen, die Sie erfolgreich machen.

In www.taschenguide.de erfahren Sie, welche TaschenGuides es bisher schon gibt und welche demnächst erscheinen. Und natürlich können Sie dort auch gleich bestellen oder bei unserem **Gewinnspiel** mitmachen.